HISTOIRE DES ÉTRUSQUES

collection tempus

Jean-Marc IROLLO

HISTOIRE DES ÉTRUSQUES

L'antique civilisation toscane
VIIIe-Ier siècle av. J.-C.

PERRIN
www.editions-perrin.fr

A Laurence, Flavia et Alexandre.

ISBN : 978-2-262-02837-4

tempus est une collection des éditions Perrin.

La fortune des Étrusques

La civilisation étrusque est considérée comme la première grande civilisation de l'Italie. Son influence sur Rome fut considérable. Pour raconter son histoire, je me suis appuyé bien entendu sur les plus récentes découvertes et les publications des meilleurs spécialistes de la question. Mais au-delà de la synthèse, j'ai souhaité montrer quel fut le destin de ce peuple exceptionnel, à la fois du vivant de sa civilisation, puis à partir de sa redécouverte. C'est ainsi qu'il faut comprendre « la fortune des Etrusques », au sens antique du terme, c'est-à-dire de « destinée », et pas seulement de richesse. Les Etrusques ont en effet suscité des interrogations dont plusieurs n'ont pas encore reçu de réponse complète et définitive. Bien ancrés dans l'imaginaire sensible de beaucoup d'amoureux de l'Italie, ils se trouvent désormais au cœur de polémiques qui dépassent la seule histoire de leur civilisation. On me permettra enfin d'avoir fait état à leur sujet de réflexions, forcément subjectives, dans la mesure où elles sont liées à ma propre perception de ces anciens Toscans, qui ont eu la chance d'habiter dans une des plus belles régions du monde et d'y développer un art de vivre plaisant et raffiné, bien que parfois teinté d'inquiétude.

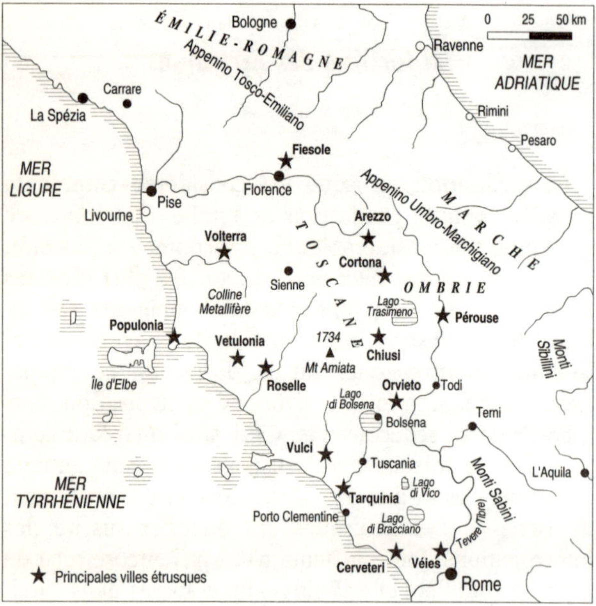

Centre historique de l'Etrurie antique.

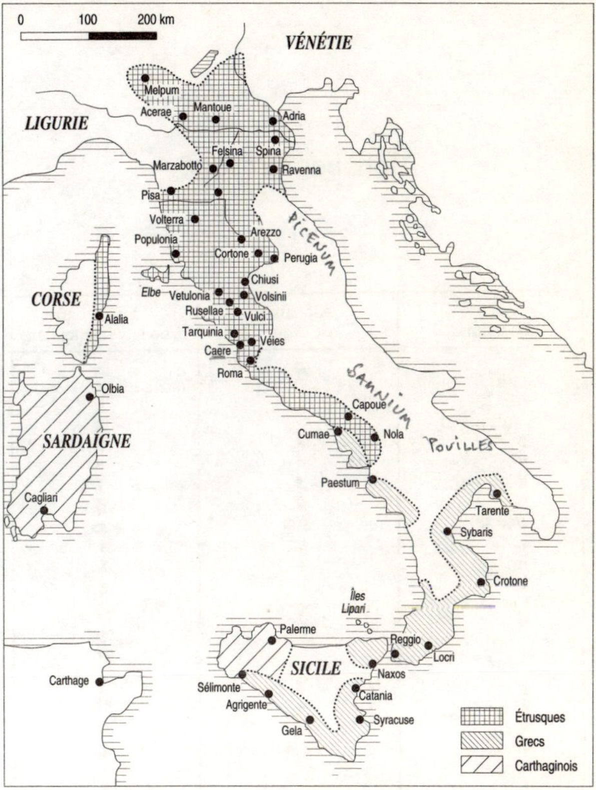

L'expansion étrusque au VIe siècle avant Jésus-Christ.

Alphabet étrusque

Valeur phonétique	Alphabet étrusque	Alphabet grec modèle (chalcidien)
a	𐌀	𐌀
(b)		𐌁
c (= k)	𐌂	𐌂
(d)		𐌃
e	𐌄	𐌄
v	𐌅	𐌅
z	𐌆	𐌆
h	𐌇	𐌇
θ (= th)	𐌈 𐌏	𐌈
i	𐌉	𐌉
k	𐌊	𐌊
l	𐌋	𐌋
m	𐌌	𐌌
n	𐌍	𐌍
(s)		𐌎
(o)		𐌏
p	𐌐	𐌐
ś	𐌑	𐌑
q	𐌒 𐌒	𐌒
r	𐌓 𐌓	𐌓
s	𐌔	𐌔
t	𐌕	𐌕
u	𐌖	𐌖
s	𐌗	𐌗
φ (= h)	𐌘	𐌘
χ (= kh)	𐌙	𐌙
f	8 8	

INTRODUCTION

Dans les premiers temps de l'Empire, les Romains se considéraient comme les héritiers d'un grand passé artistique qu'ils ne pouvaient qu'imiter. Une centaine d'années après la naissance du Christ, Pline le Jeune écrivait dans une de ses lettres : « Bien que je me considère comme un admirateur des Anciens, je suis très loin de mépriser, comme certains affectent de le faire, le génie des modernes : je ne peux pas en effet supposer que la nature humaine soit à ce point épuisée à notre époque pour être incapable de produire quelque chose de valable. »

Les Anciens auxquels Pline le Jeune faisait allusion n'étaient pas seulement les Grecs, dont les Romains copièrent pendant plusieurs siècles l'art et la littérature. Il se référait également à l'ancienne culture étrusque, qui s'était développée dès la plus haute antiquité sur le sol même de l'Italie. Plusieurs éléments de cette culture survivaient encore au début de notre ère.

C'est ainsi qu'au Ier siècle après Jésus-Christ la littérature étrusque, aujourd'hui complètement disparue, restait vivante. Des livres étrusques circulaient encore, en particulier ceux qui traitaient de construction de canalisations, de géométrie et d'autres sujets techniques dans lesquels les Etrusques excellaient. Selon Tite-Live, la comédie romaine avait beaucoup emprunté aux Etrusques. Il rapporte que des acteurs, des danseurs et des joueurs de flûte étrusques vinrent se produire à Rome pendant une épidémie de peste afin de tenter d'apaiser les dieux : « Des *ludions* venus d'Etrurie dansaient au son de la flûte, évoluant gracieusement à la mode étrusque. Introduits sous cette forme, les spectacles prirent de l'importance en se répandant. On donna le nom d'histrions aux acteurs romains, car *ludion* se dit *ister* en étrusque.[1] » A l'époque de Cicéron, l'aristocratie romaine avait conservé l'habitude d'envoyer ses fils à Tarquinia, à leurs yeux ville sacrée, comme Delphes l'était pour les Grecs et Rome pour les chrétiens du Moyen Age, afin qu'ils y étudient la langue et la culture étrusques[2]. Tite-Live en confirme l'usage : « Des historiens prétendent que l'enseignement de l'étrusque était assez répandu chez les jeunes Romains de l'époque [au IVe siècle avant J.-C.], comme le grec aujourd'hui[3]. » La pratique de la langue étrusque dut ainsi se maintenir un certain temps dans les milieux romains cultivés, avant d'être détrônée définitivement par le grec. L'étrusque avait disparu en tant que langue vivante dès le Ier siècle après J.-C. Son originalité le rendit longtemps incompréhensible aux érudits modernes et pose encore aujourd'hui de gros problèmes de traduction.

Parmi les Romains qui poussèrent très loin leur intérêt pour la culture étrusque figure au premier

1. *Histoire romaine*, VII, 2.
2. Cicéron, *De divinatione*, I, 92.
3. *Op. cit.*, IX, 36.

rang l'empereur Claude (10-54 après J.-C.), étruscophile convaincu, qui rédigea en grec une histoire des Etrusques en vingt volumes intitulée *Tyrrhenika*. Celle-ci, malheureusement perdue, était, nous dit Tacite, lue publiquement certains jours, dans un auditorium du musée fondé par l'empereur à Alexandrie d'Egypte[1]. Claude peut donc être considéré comme le premier véritable étruscologue de l'histoire. En outre, il fit davantage que redonner aux devins étrusques le droit d'exercer leur discipline : soucieux de préserver l'héritage de l'art divinatoire étrusque qu'il tenait pour authentiquement italien face aux « superstitions » venues de l'étranger, il ordonna la création de l'ordre des soixante haruspices. Ces prêtres, versés dans la divination et l'interprétation des signes envoyés par les dieux, étaient le plus souvent possible recrutés parmi les anciennes familles de la noblesse toscane. Ils devaient conserver et enseigner l'antique discipline étrusque. Voici le discours, rapporté par Tacite, que l'empereur Claude prononça devant le Sénat en 48 après J.-C. : « Il ne fallait pas, par négligence, laisser périr la science la plus ancienne d'Italie. Souvent, dans des circonstances critiques pour l'Etat, on avait appelé les haruspices étrusques et leurs avis avaient rétabli les cérémonies sacrées et assuré pour l'avenir une plus stricte observance des rites. Les premiers citoyens de l'Etrurie, soit d'eux-mêmes, soit à l'instigation du Sénat romain, avaient maintenu et propagé cette science dans leurs familles. Aujourd'hui on la négligeait par insouciance générale pour les arts utiles et par suite de l'envahissement progressif des superstitions étrangères. Sans doute, pour l'instant, la prospé-

1. Tacite, *Annales*, XI, 15.

rité était générale ; mais la bienveillance des dieux réclamait qu'en retour on ne laissât pas se perdre, à la faveur des temps heureux, les cérémonies rituelles observées dans des circonstances critiques[1]. »

Dans les vestiges du théâtre de Cerveteri, l'antique Caere étrusque située à une quarantaine de kilomètres au nord-ouest de Rome, on découvrit au milieu du XIXe siècle un fragment de monument sculpté à l'époque julio-claudienne (Ier siècle après J.-C.) qui représentait les allégories de trois des douze cités étrusques, Vulci, Tarquinia et Vetulonia. Il s'agissait d'une déesse féminine, probablement la Fortune, pour Vulci, du fondateur de la ville, Tarchon, pour Tarquinia, et d'un personnage portant un gouvernail de navire sur l'épaule (parfois identifié au roi légendaire Tyrrhénos) pour Vetulonia. Les villes étrusques avaient en effet reformé sous le règne d'Auguste une ligue dont l'une des activités était la mise en scène de drames religieux. Ce monument lié au culte d'un empereur julio-claudien, sans doute Claude, et situé dans un théâtre, laisse à penser que pendant son règne les festivals étrusques avaient été restaurés, certainement à l'initiative de l'empereur lui-même, encourageant ainsi une sorte de « Renaissance étrusque », de la même manière qu'à partir du XVe siècle les princes de l'Eglise et des cités italiennes encouragèrent la renaissance de la Rome antique.

De nombreux éléments montrent en outre que bien avant l'art grec, l'art étrusque était à l'honneur à Rome. Ainsi, après la prise de Véies en 396 avant J.-C., la statue en bois de Uni (Junon), déesse de la ville, fut rapportée sur l'Aventin. D'après Pline l'Ancien[2], deux mille

1. Tacite, *op. cit.*, XI, 15.
2. *Histoire naturelle*, XXXI, 34.

statues de la ville de Volsinies, conquise en 264 avant J.-C., furent déplacées à Rome. Même si ce chiffre paraît un peu exagéré, il est certain que sur le Forum et sur le Palatin de nombreuses statues étrusques voisinèrent longtemps avec des statues grecques : Auguste finança ainsi la restauration d'une statue étrusque d'Apollon. Caligula voulut, quant à lui, décorer son palais avec une fresque du temple de Lanuvium dans le Latium, mais il fut impossible de détacher cette fragile peinture de son support en stuc. On sait également qu'à l'époque de Pline le Jeune, les riches amateurs d'art adoraient collectionner les œuvres étrusques, en particulier les vases et les bronzes. Dans les fonderies de bronze de Préneste, non loin de Rome, on travailla pendant plusieurs siècles d'après les modèles étrusques. Sous Trajan, des artisans étrusques étaient sans aucun doute encore employés à fabriquer comme par le passé des miroirs de bronze magnifiquement gravés, des broches, des récipients pour les ustensiles de toilette et les cosmétiques.

Mais c'est surtout dans le domaine religieux que l'influence des Etrusques sur les Romains fut la plus durable : l'étrusque subsista encore pour la liturgie dans les temples romains, un peu comme à l'époque moderne le latin et l'hébreu survivent dans la liturgie chrétienne.

A l'époque de l'empereur Julien, c'est-à-dire au milieu du IVe siècle après J.-C., les haruspices pratiquaient toujours leur science d'après des sources étrusques. Il est même probable que certains de ces prêtres étaient les descendants directs des anciens Toscans. La culture étrusque n'avait donc jamais été oubliée sous l'Empire romain. C'est après la chute de l'Empire d'Occident que tout intérêt pour les créateurs de la première civilisation italienne semble avoir disparu. Pendant le Moyen Age, nous n'entendrons plus parler des Etrusques, sinon à propos d'une œuvre d'art, la célèbre Louve en bronze de la première moitié du ve siècle avant J.-C., qui était très populaire et visible sur l'une des tours du palais pontifical du Latran, devant la place des exécutions. Parfois, quelques pilleurs, les *tombaroli*, s'introduisaient dans les tombes étrusques à la recherche d'objets précieux. Le squelette de l'un d'entre eux fut même retrouvé dans une tombe d'Orvieto : il avait été victime d'un effondrement de la voûte du monument.

Pendant près de mille ans, la brillante civilisation étrusque tomba ainsi dans l'oubli. Elle ne fut redécouverte qu'à la Renaissance. Depuis, et malgré les progrès accomplis par les étruscologues, de nombreux éléments de son histoire et de sa culture restent mal connus. Pourtant, si la civilisation étrusque fascine encore aujourd'hui, ce n'est plus à cause du « mystère » romantique dont elle fut longtemps parée, mais bien pour la qualité de ses œuvres et l'originalité de sa culture.

PREMIÈRE PARTIE

LA RENAISSANCE ÉTRUSQUE

Une folle envie d'art étrusque

C'est au XVe siècle que l'on recommença à s'intéresser à la civilisation étrusque. A cette époque, les trouvailles d'objets étrusques se multiplièrent. Au siècle suivant, ils vinrent enrichir les collections des Médicis, grands-ducs de Toscane qui se prétendaient descendants des Etrusques. Le célèbre orfèvre florentin Benvenuto Cellini (1500-1571) évoque dans ses *Mémoires* la découverte de bronzes étrusques, dont la fameuse Chimère datant du IVe siècle avant J.-C., aujourd'hui au musée archéologique de Florence. Il souligne l'enthousiasme de Cosme Ier de Médicis pour le sujet : « Aux environs d'Arezzo, on découvrit des antiques, dont la Chimère, ce lion de bronze qu'on peut voir dans une pièce voisine de la grande salle du palais, et en même temps une quantité de statuettes également en bronze, couvertes de terre et de rouille et amputées de la tête, des mains ou des pieds. Le duc prenait plaisir à les nettoyer lui-même avec de petits ciseaux d'orfèvre. Un jour, j'eus besoin de lui parler. Au cours de la discussion, il me présenta un petit marteau avec lequel je frappai les ciseaux qu'il tenait en main de manière à débarrasser les figurines de la terre et de la rouille. Plusieurs soirées se passèrent ainsi, puis il m'employa à refaire les membres manquants. Il prenait tant de plaisir à la restauration de ces bricoles qu'il me faisait travailler même pendant la journée et si je tardais à arriver, il m'envoyait chercher[1]. » La Chimère, entièrement restaurée par Cellini, impressionna aussi le peintre et écrivain arétin Giorgio Vasari (1511-1574) qui en parle dans l'introduction à ses *Vies des plus excellents peintres, sculpteurs et architectes italiens* : « On a trouvé à notre époque, c'est-à-dire en l'an 1554, en creusant les fossés et en élevant les fortifications d'Arezzo, une figure en bronze devant représenter la chimère de Bellérophon ; dans cette figure on reconnaît que la perfection de cet art remonte aux temps anciens des Toscans, comme on s'en rend compte par la manière étrusque mais beaucoup plus par les lettres gravées sur une griffe. Comme elles sont peu nombreuses, on suppose, personne actuellement ne connaissant la langue étrusque, qu'elles peuvent représenter aussi bien le nom de l'artiste que celui de cette figure et peut-être aussi les années, comme on le faisait à cette époque. Actuellement, cette figure, à cause de sa beauté et de son antiquité, a été placée par le seigneur duc Cosme dans la salle des appartements neufs de son palais où j'ai peint les actes du pape Léon X. Outre cette chimère, on a trouvé dans le même lieu quantité de figurines en bronze qui sont actuellement chez le seigneur duc. »

L'intérêt pour cette civilisation venait aussi de son caractère étrange, voire mystérieux, par rapport à la civilisation romaine classique : on ne comprenait pas les inscriptions que l'on trouvait, et il n'existait aucun

1. B. Cellini, *Mémoires*, LXXXVII.

texte étrusque parvenu jusqu'à l'époque moderne, au contraire de beaucoup de textes latins ou grecs que les moines copistes du Moyen Age avaient sauvés en les recopiant.

Dès le XVe siècle, des théories fantaisistes apparurent. Le moine dominicain Annio de Viterbe (1432-1502), érudit et humaniste, auteur en 1498 des *Antiquitates*, affirmait que les Etrusques avaient des origines sémitiques. D'après Annio de Viterbe, ils descendaient directement de Noé qui aurait fondé la civilisation étrusque en Toscane où l'Arche aurait abordé. La langue étrusque était donc à rapprocher de l'hébreu. Or Annio de Viterbe avait transformé et manipulé les textes antiques sur lesquels il appuyait ses théories. Il n'hésita pas non plus à fabriquer des preuves archéologiques. La supercherie était connue dès le début du XVIe siècle. Il n'en reste pas moins qu'il compta parmi les premiers à s'intéresser aux Etrusques et relança l'intérêt pour cette civilisation chez les érudits de la Renaissance. En outre, sa théorie sur le rôle des Etrusques, civilisateurs de l'Italie avant les Grecs et les Romains, allait connaître un réel succès par la suite. C'était la première fois en effet que ce rôle, primordial pour le développement de la civilisation occidentale, était contesté à ces deux peuples. Vers 1568, Giorgio Vasari pressent l'ancienneté de l'art étrusque, héritage national, et utilise les termes d'étrusque et de toscan comme synonymes : « Il peut ne pas sembler déraisonnable de supposer que les arts existaient depuis des temps encore plus anciens que ceux des Grecs chez les Toscans, comme l'affirme notre Léon Battista Alberti, opinion à laquelle le merveilleux sépulcre de Porsenna à Chiusi apporte un important témoignage. Des tuiles en terre cuite ont été retirées de terre à cet endroit, entre les murs du labyrinthe sur lesquels des figures en demi-relief étaient si admirablement exécutées que l'on peut facilement reconnaître que l'art n'en était pas à ses commencements vers cette époque. Bien plus, la perfection de ces œuvres montre que l'art était alors bien plus près de son apogée que de ses débuts. On peut encore le constater chaque fois qu'on retrouve des fragments de vases arétins, rouges et noirs, remontant à cette époque, comme on s'en rend compte par le style, avec de charmantes intailles, des figurines et des sujets en bas-relief ainsi que quantité de petits masques en ronde bosse finement travaillés par les artistes du temps, qui devaient avoir autant de talent que de pratique dans cet art, à en juger par leurs produits. On voit encore, par les statues trouvées à Viterbe, au début du pontificat d'Alexandre VI, que la sculpture était tenue en haute estime en Toscane et que sa perfection n'était pas petite. On ne sait pas exactement à quelle époque elles furent faites ; toutefois, d'après le style des figures, le mode des sépultures et des constructions non moins que d'après les inscriptions en lettres toscanes, on peut vraisemblablement conjecturer qu'elles sont très anciennes et qu'elles proviennent d'une époque à laquelle cet art avait atteint un haut point. »

Le tombeau de Porsenna, roi de Chiusi, avait déjà été décrit par Varron, un érudit latin du Ier siècle avant J.-C., conseiller d'Auguste et écrivain prolifique. Cette description avait été rapportée plus tard par Pline l'Ancien dans son *Histoire naturelle*. C'était un monument funéraire de taille imposante, contenant un labyrinthe dont personne ne pouvait sortir sans l'aide d'un fil. Il était composé d'un énorme soubassement de pierre, large de cent pieds[1] et haut de cinquante, surmonté de cinq pyramides mesurant soixante-quinze pieds à leur base et hautes de cent cinquante. A leur sommet étaient fixés des disques de bronze qui résonnaient quand ils étaient soumis au souffle du vent. On peut penser que la description de Varron est suffisamment précise pour ne pas être totalement imaginaire, malgré un rapprochement évident avec le légendaire labyrinthe du roi Minos en Crète. Plusieurs artistes tels que Baldassarre Peruzzi, Léon Battista Alberti et les frères Sangallo en dessinèrent des reconstitutions plus ou moins fantastiques fondées sur les indications de Varron et de Pline l'Ancien. On n'a cependant jamais retrouvé la trace de ce monument, en dehors des vestiges évoqués par Vasari, dont rien ne prouve qu'ils provenaient bien du tombeau disparu.

En revanche, un important tumulus étrusque fut découvert par hasard en 1507 à Montecalvario, près de Castellina in Chianti. Il abritait une tombe contenant de nombreux objets et inscriptions. Léonard de Vinci s'en inspira pour réaliser un magnifique dessin à la plume représentant un tombeau à plan central, ainsi que la coupe d'une chambre funéraire qui reproduit l'architecture intérieure de la tombe de Montecalvario. Quant à Michel-Ange, il dessina une tête de dieu barbu coiffée d'une peau de loup dont il avait sans doute contemplé l'original dans une tombe toscane. Il s'agit du dieu des Enfers, Hadès (Aita), dont nous connaissons une représentation dans la tombe de l'Ogre à Tarquinia.

1. Un pied mesure environ 33 cm.

La seconde Renaissance étrusque ne fut cependant pas l'œuvre d'un Italien, mais celle d'un étranger, un Ecossais catholique nommé Thomas Dempster, personnage haut en couleur dont la vie ne fut pas moins remarquable que son travail. Né vers 1579 à Cliftbog Castle près d'Aberdeen, il prétendait être le vingt-quatrième d'une famille de vingt-neuf enfants ! Il étudia à Paris, où il échappa de peu à la peste, à Louvain et au séminaire pontifical de Rome. Il retourna ensuite quelque temps en Ecosse où il se prit de querelle avec d'autres étudiants et les autorités de l'Université, car il avait publié un pamphlet contre la reine Elisabeth Ire qu'il détestait. A peine âgé de vingt ans, il devint lecteur à l'université de Tournai, puis docteur en droit canon à Paris. Il enseigna à Nîmes puis en Espagne et séjourna à Toulouse avant de devenir professeur de droit civil à l'université de Pise grâce à la protection du grand-duc Cosme II de Médicis. Partout où il allait, il provoquait querelles et duels, car il était aussi prompt à manier l'épée que la plume : Dempster était autant admiré pour sa mémoire phénoménale que redouté pour son caractère querelleur. Il mourut en 1625, alors qu'il était professeur à l'université de Bologne, d'une fièvre contractée en poursuivant sa femme qui s'était enfuie pour la seconde fois avec un de ses étudiants. Si l'on excepte ses pamphlets contre la reine Elisabeth, seuls deux de ses ouvrages furent publiés de son vivant : un recueil de lois romaines et un volume de poèmes.

Mais la postérité a conservé de lui ses recherches sur les Etrusques, rédigées à la demande de Cosme II de Médicis entre 1616 et 1619 alors qu'il enseignait à Pise. Ses travaux ne seront publiés qu'un siècle après sa mort, entre 1725 et 1726 à Florence, sous le titre *De Etruria Regali libri septem*. Les deux volumes de l'ouvrage furent alors dédiés à Cosme III et à son successeur Jean-Gaston, qui sera le dernier des Médicis. Le texte en est fort bien documenté, mais reste très fantaisiste sur le sujet des origines et du problème de la compréhension de la langue des Etrusques. On y trouve tout autant des observations justes et des interprétations purement imaginaires. L'éditeur en fut l'Anglais Thomas Coke, comte de Leicester, qui avait rapporté le manuscrit d'Italie. Filippo Buonarotti, de la famille de Michel-Ange, chargé de la publication, le fit illustrer par divers artistes d'une centaine de gravures sur cuivre représentant des sculptures et des vases étrusques. Mais ce n'était pas la première fois que l'on diffusait des reproductions d'œuvres étrusques. En 1697 déjà, Pietro Santi Bartoli, élève de Poussin, connu pour ses estampes représentant les bas-reliefs de la colonne Trajane et d'autres sculptures romaines, avait publié un recueil de gravures d'urnes cinéraires étrusques.

Ce ne fut toutefois qu'avec la publication du livre de Dempster que débuta vraiment la Renaissance étrusque. On peut même considérer que cet ouvrage fut à l'origine d'une véritable mode étrusque, que l'on désigne aujourd'hui sous le nom d'*étruscomanie*. Le retentissement considérable qu'eurent les théories et les découvertes de Dempster peut être en effet comparé à celui que provoqua, à l'époque moderne, la découverte de la tête de Néfertiti ou du trésor de Toutankhamon.

A la Renaissance, la résurrection de l'Etrurie ne fut pas seulement considérée comme un événement archéologique, mais devint aussi un sujet politique, véritable renouveau de la fierté nationale toscane, dans la mesure où les œuvres et les monuments toscans redécouverts prouvaient l'existence d'une culture locale brillante et très ancienne qui ne devait rien à Rome, et semblait même apparemment plus originale que la civilisation romaine issue de diverses influences. Cette idée, déjà émise par Annio de Viterbe, nourrit l'une des premières tentatives de référence idéologique à une culture antique alternative, autre que la culture romaine classique. L'historien français Jean-Paul Thuillier analyse ainsi le phénomène : « A travers les découvertes archéologiques, les collections des princes, les emprunts des artistes et les premiers commentaires des érudits, le mythe étrusque est déjà formé au XVIe siècle et va conforter idéologiquement le grand-duché de Toscane auquel il donne des origines antiques et glorieuses[1]. »

Ainsi, l'enthousiasme provoqué par la redécouverte de la civilisation étrusque fut, pour cette raison même, limité dans un premier temps à la Toscane et aux amoureux de celle-ci. Pour les érudits et archéologues de la Rome antique, la Renaissance étrusque restait en effet anecdotique.

En Toscane, les initiatives pour ressusciter l'ancienne civilisation étrusque se multiplièrent dès le début du XVIIIe siècle. En 1726, les frères Venuti, archéologues et érudits, fondèrent à Cortone une Société pour l'achat de livres. Chacun de ses membres devait payer trois écus par an pour l'achat de livres

1. J.-P. Thuillier, *Les Etrusques, la fin d'un mystère*, Paris, Gallimard, collection Découvertes, 1992.

d'érudition et de science ayant trait aux Etrusques. L'oncle des frères Venuti, Onofrio Baldelli (1677-1728), qui avait rassemblé pendant son séjour à Rome une précieuse collection d'antiquités étrusques, statues, inscriptions et bijoux, leur en fit don le 9 novembre 1727. Il leur céda également sa bibliothèque, riche de nombreux ouvrages anciens de grand intérêt historique et scientifique. La Société prit alors le nom d'« Académie de science et d'érudition ». L'année suivante, elle devint « Académie étrusque des antiquités et inscriptions ». Son président, élu chaque année, portait le titre antique de *lucumon*, qui signifie à peu près « roi » en étrusque.

Anton Francesco Gori (1691-1757), prêtre florentin, scrupuleux investigateur et compilateur de témoignages étrusques, était l'un des membres de l'Académie étrusque de Cortone. Il passait des heures dans les tombes à en faire exécuter des relevés et des dessins par des peintres et collectionnait fiévreusement toutes les inscriptions étrusques possibles, que personne ne pouvait encore déchiffrer. Il publia entre 1736 et 1743 un *Museum Etruscum* en trois volumes qui reproduisait une sélection d'antiquités appartenant à diverses collections privées toscanes. Il considérait Michel-Ange comme le grand successeur des sculpteurs étrusques.

Pendant cinquante ans, l'Académie tint ses assemblées deux fois par mois. Elle organisait en outre les « nuits de Cortone », qui consistaient en réunions chez les membres de l'Académie. Au cours de ces rencontres, auxquelles participaient aussi bien des femmes cultivées de l'aristocratie que des hommes de lettres de diverses nationalités comme Montesquieu ou Voltaire, on dissertait sur tous les thèmes liés à la civilisation étrusque mais aussi sur des sujets de l'histoire locale ou toscane et d'histoire naturelle et de littérature. L'Académie publia régulièrement, de 1738 à 1795, ses *Dissertations académiques*, véritable somme de ses travaux en neuf volumes. La création d'un musée dépendant de l'Académie fut toutefois assez tardive puisque celui-ci n'ouvrit qu'en 1750.

Le premier véritable musée étrusque avait été fondé quelques années auparavant dans l'antique cité de Volterra. Il naquit dans un contexte de passion frénétique pour la collection d'objets étrusques et de recherches étruscologiques ferventes mais désordonnées. Ce sont de riches amateurs tels que Pietro Franceschini, Ferdinando Incontri et la famille Arrighi qui permirent, par leurs importantes donations, la création du musée. Celui-ci s'installa dans le palais des Prieurs et s'enrichit considérablement grâce aux collections que Mario Guarnacci (1701-1785) lui légua à sa mort. Cet ecclésiastique, qui délaissait de temps en temps Rome, où il faisait une brillante carrière, pour passer à Volterra des vacances qu'il consacrait à la recherche et à l'étude des antiquités classiques, écrivit trois volumes sur ses trouvailles locales, intitulés *Origines italiques*, et publiés entre 1767 et 1772. Selon lui, les Etrusques, très anciens habitants de l'Italie, étaient liés aux Hébreux ; Guarnacci reprenait ainsi à son compte les divagations d'Annio de Viterbe.

A Volterra aussi, les ordres religieux locaux à l'instar des frères de l'Observance ou des Camaldules, ainsi que les riches patriciens, recherchaient et collectionnaient des objets étrusques. C'est ainsi que le chanoine Pietro Franceschini découvrit dans les environs de la ville plusieurs tombes creusées dans le tuf. Les recherches locales furent à ce point fructueuses qu'en 1743, les franciscains de Volterra ne savaient plus ou mettre les urnes funéraires qu'ils possédaient. A cette époque se développa également un florissant commerce de faux. Un certain Francesco Saverio Giachi, avec l'aide d'habiles tailleurs de pierre, fabriquait de fausses urnes et statues de divinités et les ensevelissait le temps nécessaire pour acquérir une belle patine ancienne qui trompait même les amateurs les plus avertis. Cette escroquerie se développa à un point tel que les autorités locales créèrent une commission seule habilitée à délivrer des permis de fouiller.

Volterra devint dès lors une destination pour les touristes épris d'antiquités étrusques, qui pouvaient y visiter, en plus du musée, de nombreuses tombes et collections privées.

Le célèbre auteur vénitien Carlo Goldoni (1707-1793) fut l'un de ces visiteurs. Il n'en garda pas un souvenir inoubliable et témoigne de sa déception dans ses Mémoires : « Ce village, que peu de voyageurs vont visiter, est assez intéressant par sa position et par les vestiges de monuments étrusques que l'on peut encore y voir. Moi-même j'y visitai ventre à terre des hypogées que je parcourus à la lueur de torches de cire jaune. On peut ainsi se rendre compte de l'étendue de ma pleutrerie dans toute sa grandeur ! Grâce à Dieu, je sortis finalement de là et me promis de ne jamais y retourner. Qu'avais-je vu ? Rien. J'avais été victime de ma curiosité, même si j'avais fait simplement ce que beaucoup d'autres avaient fait avant moi. »

L'intérêt pour la civilisation étrusque s'étendit peu à peu à d'autres pays européens. En France, le moine bénédictin Bernard de Montfaucon publia entre 1719 et 1724 un énorme recueil de gravures sur cuivre d'œuvres antiques, *L'Antiquité expliquée et représentée en figures*, parmi lesquelles se trouvent plusieurs œuvres étrusques. Un peu plus tard, le comte de Caylus, voyageur infatigable, se prit de passion pour l'art étrusque dont il présenta également un certain nombre d'œuvres dans un ouvrage publié à Paris dans les années 1752-1765, le *Recueil d'antiquités égyptiennes, étrusques, grecques et romaines* à l'usage des antiquaires et des artistes. A sa mort en 1765, sa dépouille fut déposée dans une urne antique en porphyre située à l'intérieur de l'église parisienne de Saint-Germain-l'Auxerrois. Diderot lui fit une méchante épitaphe : « Ci-gît un antiquaire, acariâtre et brusque. Oh ! qu'il est bien logé dans cette cruche étrusque. » Cette urne n'avait cependant rien d'étrusque. Les spécialistes la datent en effet de l'époque impériale romaine, soit du IIe ou du IIIe siècle après J.-C.

En Angleterre, la publication du livre de Dempster avait marqué le début d'un puissant intérêt pour les Etrusques chez les Anglais cultivés, intérêt qui atteignit son point culminant dans le courant du XVIIIe siècle. Les familles de l'aristocratie anglaise envoyaient alors leurs fils faire un voyage autour de la Méditerranée afin qu'ils complètent leur éducation classique. Ce périple était appelé le « Grand Tour » et son origine remontait au XVIIe siècle. Le choix de la Méditerranée s'expliquait par la nécessité de visiter les lieux qui avaient constitué le creuset de la civilisation occidentale. Le voyage du gentilhomme britannique depuis l'Angleterre jusqu'à Rome était ainsi un élément obligatoire de l'éducation, une sorte de parcours initiatique, qui couronnait la connaissance des textes classiques par une appréhension directe des lieux et des monuments de l'Italie antique.

Cette connaissance paraissait à l'époque fondamentale dans la vie d'un homme cultivé. L'un des premiers Britanniques à visiter une nécropole étrusque fut le banquier Thomas Jenkins. Par la suite, le débat entre le graveur italien Piranèse (1720-1778) et l'architecte écossais Robert Adam (1728-1792) contribua au développement du « goût étrusque » et de l'étruscomanie. Piranèse affirmait que les Etrusques étaient à l'origine du développement artistique de l'Occident. Mais comme beaucoup d'autres partisans des Etrusques, il leur attribuait la paternité d'œuvres, notamment celle de nombreux vases retrouvés en Toscane, qui étaient en fait grecques. Le goût étrusque inspira en tout cas en Angleterre et dans d'autres pays la production de meubles, décors et vaisselle d'argent. En 1769, Josiah Wedgwood ouvrit à Burslem, en pleine campagne anglaise, une fabrique de poteries appelée *Etruria*, dont l'influence se répandit un peu partout en Europe. Les manufactures de porcelaine de Sèvres, près de Paris, et de Capodimonte à Naples se mirent ainsi à fabriquer des services de style étrusque. Cette vogue contribua au développement du goût pour les collections de céramiques antiques, aussi bien chez les riches particuliers que dans les musées tels que le British Museum ou le musée de Vienne.

En Allemagne, l'historien de l'art Winckelmann (1717-1768), fondateur de l'archéologie germanique et pionnier du néoclassicisme, ne partageait pas ce goût pour l'art étrusque. Il avait consacré aux Etrusques un important chapitre de son *Geschichte der Kunst des Alterhums*[1] où il expliquait que le tempérament passionnel qui caractérise leur civilisation, avait empêché leur production artistique d'atteindre le « bon goût, la grâce et la beauté » dont seul témoigne l'art grec. Pour lui, les Florentins et les Toscans de la Renaissance étaient d'ailleurs les successeurs directs des anciens Etrusques et il les incluait dans cette critique négative. Le style littéraire et la peinture des Florentins – il faisait évidemment référence à Dante et à Giotto – lui paraissaient « timides, artificiels, peu séduisants et arides ». Il discernait aussi l'héritage du maniérisme de l'art étrusque dans les œuvres des peintres Daniele da Volterra et Pierre de Cortone. Chez le Florentin Michel-Ange, il dénonçait un excès de fantaisie, un manque de grâce et de délicatesse, une tendance exclusive au fantastique et à l'excès, et même une sorte de sauvagerie. Winckelmann considérait en revanche Raphaël comme l'opposé absolu de Michel-Ange, car il n'avait pas subi la mauvaise influence étrusque, mais était au contraire le digne héritier de la grâce et de la beauté de l'art grec.

Tous les érudits et archéologues allemands ne reprirent pas les positions de Winckelmann. Certains d'entre eux furent même des chercheurs de haut niveau dont les travaux donnèrent naissance à l'étruscologie moderne : ainsi, Christoph Gottlob Heyne, professeur à l'université de Göttingen, fut le premier à tenter une classification chronologique de l'art étrusque dans les années 1772-1776.

L'étruscologie fit de réels progrès grâce aux recherches de l'abbé Lanzi (1732-1810). Ce père

1. *Histoire de l'art de l'Antiquité*, deux volumes, Dresde, 1764.

jésuite, assistant du directeur du musée des Offices de Florence, ne contribua pas seulement à l'enrichissement des collections étrusques du musée. Dans son ouvrage publié en 1789, *Saggio di lingua etrusca e di altre nazioni d'Italia* (« Aperçu de la langue étrusque et d'autres peuples d'Italie »), il interprétait correctement les signes de l'alphabet étrusque en distinguant leur langue, encore incompréhensible, de celles des autres peuples italiques. Il précisait les rapports entre Etrusques et Grecs et montrait que beaucoup de vases retrouvés dans les tombes toscanes étaient en fait des vases grecs importés. Beaucoup d'étruscologues actuels le considèrent comme le père de l'étruscologie moderne, le premier chercheur « affranchissant cette science de l'amateurisme qui, dans le passé, l'avait marquée dans un sens négatif[1] ».

L'engouement pour la civilisation étrusque reprit de plus belle avec le romantisme du XIXe siècle. L'étruscologie fit alors des progrès considérables grâce à Carl Otfried Müller (1797-1840), le meilleur archéologue de la période romantique. Son ouvrage *Die Etrusker*, qui reste une référence aujourd'hui, fut publié à Breslau en 1828. Il y donne une description générale de la civilisation étrusque : ses origines, son histoire, sa religion et son art.

Parmi les grands écrivains du moment, Stendhal fut l'un des premiers Français à s'intéresser aux Etrusques. Il fut séduit par les thèses de l'Italien Giuseppe Micali (1767-1844), qui avait cherché à montrer l'importance de cette histoire de l'Italie avant

1. Mauro Cristofani, *in* le catalogue de l'exposition « Les Etrusques et l'Europe », Paris, 1992.

l'expansion romaine dans son *Italia avanti il dominio dei Romani* (« L'Italie avant la domination romaine »). Micali y encensait les Etrusques, qu'il considérait comme le peuple le plus civilisé de l'Italie antique, dont les institutions politiques et religieuses harmonieuses assuraient le bonheur de tous.

Dans ses premières éditions de *Rome, Naples et Florence* et des *Promenades dans Rome* (1817 et 1826), Stendhal fit l'éloge de la civilisation étrusque qu'il jugeait supérieure à la civilisation romaine en termes de développement artistique et d'art de vivre : « Je me sens indigné contre les Romains qui vinrent troubler, sans autre titre que le courage féroce, ces républiques d'Etrurie qui leur étaient si supérieures par les beaux-arts, par les richesses et par l'art d'être heureux. » Mais Stendhal s'intéressa aussi beaucoup au commerce des œuvres d'art antiques : alors qu'il était consul de France à Civitavecchia, il servit d'intermédiaire à ses amis collectionneurs parisiens pour leur permettre de se procurer à bon prix des objets étrusques.

En effet, à partir de cette époque, les fouilles systématiques des sites étrusques allaient bon train. C'est ainsi qu'en 1823, le maire de Corneto (nom médiéval de la ville de Tarquinia, dans le Latium) eut la surprise, en recherchant des matériaux pour construire une route, de découvrir une tombe intacte. Après avoir fait pratiquer une ouverture au sommet de la voûte fermant la tombe, il regarda à l'intérieur : le temps que ses yeux s'habituent à la pénombre du sépulcre, il aperçut, intact, un guerrier étrusque reposant sur son lit funéraire, muni de tout son équipement. Malheureusement, l'air extérieur pénétrant dans la tombe fermée depuis des siècles entraîna en quelques instants la décomposition totale du corps du guerrier et de beaucoup des objets ensevelis avec lui. Quelques-uns seulement purent être récupérés, notamment des vases et un grand bouclier de bronze. Peu de temps après furent mises au jour les premières tombes peintes de la nécropole de Tarquinia qui constituent le plus important ensemble de peinture de l'Italie préromaine.

Non loin de là, cinq ans plus tard, en 1828, un paysan qui labourait un champ provoqua l'effondrement du plafond d'une tombe. On découvrit alors la riche nécropole de Vulci, située sur le domaine de Lucien Bonaparte, frère de Napoléon Ier, qui avait été élevé en 1814 par le pape Pie VII au rang de prince de Canino dans le Latium. Lucien Bonaparte fit aussitôt fouiller les tombes avec passion. On en retira des milliers d'objets, vases, bronzes et bijoux, dont son épouse la princesse de Canino n'hésitait pas à se parer lors des réceptions organisées par la cour pontificale. A cette époque toutefois, l'intérêt se portait essentiellement sur les belles pièces pour les vendre ou les collectionner. Lucien Bonaparte s'enrichit ainsi en vendant des centaines de vases grecs et étrusques trouvés sur ses terres. Les fouilles se déroulaient de façon anarchique, sans relevé scientifique et sans souci de préserver les trouvailles ou de les maintenir dans leur contexte. Les objets qui avaient le plus de valeur étaient vendus un peu partout et donc dispersés sans que l'on ait prit la peine de les répertorier. Les autres étaient souvent détruits. La princesse de Canino faisait ainsi briser les nombreux vases de *bucchero* noir, si caractéristiques de la céramique étrusque, mais qu'elle trouvait sans intérêt et qui risquaient par leur nombre de déprécier les plus belles pièces, c'est-à-dire les vases peints. L'étruscomanie n'était pas morte !

Pourtant, le souci scientifique s'affirmait peu à peu : en 1837 fut inauguré à Rome le Musée grégorien étrusque pour abriter les magnifiques objets découverts dans les tombes du nord du Latium. Au même moment s'ouvrit à Londres l'exposition de Pall Mall où les frères Campanari, antiquaires de Tuscania, présentèrent au grand public des reconstitutions de tombes à chambre dont les peintures avaient été reproduites par le dessinateur d'antiques Carlo Ruspi. A l'intérieur étaient exposés des sarcophages et divers objets qui furent achetés ensuite par le British Museum. Le succès de cette exposition incita beaucoup d'Anglais à visiter les sites étrusques. Plusieurs d'entre eux contribuèrent par leurs écrits à faire connaître la civilisation étrusque : ainsi Mme Hamilton Gray, auteur en 1839 d'un *Voyage aux sépulcres d'Etrurie*, ou George Dennis qui visita l'Etrurie accompagné de son ami dessinateur Samuel James Ainsley. Les deux hommes publieront en 1848 le célèbre ouvrage *Cités et cimetières d'Etrurie*.

Pendant ce temps, les découvertes parfois spectaculaires se multipliaient. En 1857, l'érudit français Adolphe Noël des Vergers pénétra avec l'archéologue italien Alessandro François dans une magnifique tombe du IVe siècle avant J.-C., dite aujourd'hui « tombe François ». Voici le récit qu'il en fit : « J'ai déjà dit quelques mots des peintures murales découvertes par M. Alessandro François et moi dans une crypte de la riche nécropole de Vulci. J'ai aussi décrit ailleurs l'impression que me fit éprouver le spectacle dont nous fûmes frappés lorsqu'au dernier coup de pic, la pierre qui fermait l'entrée de la crypte céda et que la lumière de nos torches vint éclairer les voûtes dont rien depuis plus de vingt siècles n'avait troublé l'obscurité ou le silence. Tout y était encore dans le même état qu'au jour où l'on en avait muré l'entrée, et l'antique Etrurie nous apparaissait comme au temps de sa splendeur. Sur leurs couches funéraires, des guerriers recouverts de leurs armures semblaient se reposer des combats qu'ils avaient livrés aux Romains ou à nos ancêtres les Gaulois. Formes, vêtements, étoffes, couleurs, furent apparents pendant quelques minutes, puis tout s'évanouit à mesure que l'air extérieur pénétrait dans la crypte, où nos flambeaux vacillants menaçaient d'abord de s'éteindre. Ce fut une évocation du passé qui n'eut même pas la durée d'un songe et disparut comme pour nous punir de notre téméraire curiosité. Pendant que ces frêles dépouilles tombaient en poussière au contact de l'air, l'atmosphère devint plus transparente. Nous nous vîmes alors entourés d'une autre population guerrière due aux artistes de l'Etrurie. Des peintures murales ornaient la crypte dans tout son périmètre et semblaient s'animer au reflet de nos torches. Bientôt elles attirèrent toute mon attention car elles me semblaient la part la plus belle de notre découverte[1]. »

Comme Winckelmann quelques années plus tôt, certains savants allemands de cette époque restaient farouchement anti-Etrusques. Burkhardt (1818-1897) réfutait l'existence même d'un art étrusque, Mommsen (1817-1903) n'admettait pas que les Etrusques aient

1. A.N. des Vergers, *L'Etrurie et les Etrusques, dix ans de fouilles dans les Maremmes toscanes*, Paris, Firmin-Didot, 1862-1864.

pu jouer un rôle quelconque dans le développement de la civilisation de l'Italie antique, tandis que Helbig, partisan de la thèse de l'origine nordique des Etrusques, attribuait toute production artistique importante aux Grecs, déclarant même que les statues étrusques n'étaient que des imitations de l'art grec provincial.

Cette attitude, aussi exagérée que pouvait l'être, à l'opposé, l'étruscomanie, ne fut toutefois pas un frein au succès grandissant que rencontrait la civilisation étrusque et ses œuvres dans la société de l'époque.

En 1861, Napoléon III acheta la plus grande partie de la collection du marquis Campana, grand seigneur romain, directeur du mont-de-piété de Rome. Cet amateur passionné de primitifs italiens et d'objets d'art antiques faisait fouiller sans aucune méthode les tombes de la nécropole de Cerveteri à la recherche de beaux objets pour enrichir sa collection. Il entretenait également des restaurateurs qui reconstituaient les vases brisés ou abîmés, en utilisant parfois des morceaux provenant de pièces différentes. Accusé de détournements de fonds à son profit, le marquis fut incarcéré en 1857 et sa riche collection, plus de quinze mille pièces d'antiquités, de tableaux et de majoliques, saisie. Parmi ces œuvres figure le célèbre Sarcophage des Epoux, chef-d'œuvre des *coroplastes* (ou *coroplathes*) étrusques de l'époque archaïque, artistes qui produisaient des statues de terre cuite moulées ou modelées. Après avoir été exposée quelque temps au musée Napoléon III dans le pavillon de l'Industrie, sur les Champs-Elysées, la collection prit place en 1863 au musée du Louvre où elle se trouve encore.

La France ne fut pas le seul pays à acquérir des pièces de la collection Campana : le tsar Alexandre II en fit acheter plusieurs centaines pour le musée de l'Ermitage de Saint-Pétersbourg, ainsi que le musée royal de Bruxelles qui se procura soixante-dix-sept vases.

La dispersion hors d'Italie de cette collection provoqua une vive émotion dans le pays : la nécessité de créer des musées publics pour abriter les antiquités étrusques se fit impérieuse. C'est ainsi que furent créés entre 1870 et 1889 les musées archéologiques de Florence, de Bologne et de la villa Giulia à Rome. Au même moment parut à Paris l'ouvrage de J. Martha *L'Art étrusque*, qui fut alors la première tentative de synthèse sur l'art des anciens Toscans, même si celui-ci restait encore considéré comme un simple artisanat imitant les réalisations de l'art grec. Les gravures qui agrémentaient ce livre servent encore de nos jours à illustrer certains ouvrages consacrés aux Etrusques.

La conservation des œuvres devint alors enfin le souci principal des archéologues. Les fouilles scientifiques des sites étrusques se multiplièrent, et l'on prenait soin désormais de reproduire les peintures à fresque des tombes de Tarquinia de peur qu'elles ne disparaissent à jamais. Ces fouilles donnèrent souvent lieu à des découvertes spectaculaires comme celle de l'Apollon de Véies en 1916. Les législations italiennes, puis européennes qui se mirent en place progressivement dans le courant du XXe siècle tentèrent de mettre les sites archéologiques à l'abri des pilleurs et des trafiquants d'œuvres d'art. Malheureusement, en Toscane et dans le Latium, les *tombaroli* sévissent encore : c'est ainsi que l'on appelle certains habitants de la région qui repèrent les tombes encore inviolées pour y voler leur contenu, bijoux et vases étrusques ou grecs, qui alimentent les réseaux spécialisés dans le commerce illicite des œuvres d'art.

L'étruscologie devenue une science à part entière, la nécessité se fit de créer des structures qui permettent des recherches et des publications systématiques, ainsi que le développement d'une véritable collaboration internationale. C'est dans ce but que le Comité permanent pour l'Etrurie fut créé à Florence en 1925. Dans cette même ville se tint en 1926 le premier Congrès national étrusque, suivi en 1928 par l'organisation d'un congrès international. En 1932, le Comité permanent pour l'Etrurie fut transformé en Institut d'études étrusques et italiques. Après la Seconde Guerre mondiale, des historiens comme P. Lavedan étaient désormais en mesure de montrer tout ce que l'art occidental devait aux Etrusques, en particulier dans le domaine architectural[1].

Le public fut enthousiaste lorsqu'il découvrit la première grande exposition scientifique consacrée aux Etrusques. Sous le nom d'« Art et civilisation des Etrusques », elle fut présentée dans plusieurs villes d'Europe comme Zurich, Milan et Paris en 1955 et 1956. Peu après, l'un des premiers chercheurs à tenter de donner une vision plus vivante et moins idéologique (ou moins romantique) du peuple étrusque fut Jacques Heurgon dans sa *Vie quotidienne chez les Etrusques,* parue chez Hachette en 1961. Il y décrivait avec talent et sobriété la société étrusque, ses coutumes, ses structures et son cadre de vie.

Par la suite, les expositions consacrées aux Etrusques se multiplièrent, notamment en 1985,

1. P. Lavedan, *Histoire de l'art*, Paris, 1949.

année qualifiée d'« année étrusque », au cours de laquelle se tint un deuxième Congrès international à Florence. Plus récemment, la belle exposition « Les Etrusques et l'Europe », présentée à Paris en 1992 et à Berlin en 1993, montra l'importance du commerce et de la diffusion de la culture étrusque jusqu'en Europe du Nord. Celle du palais Grassi à Venise en 2000 permit de faire le point sur les connaissances actuelles.

La civilisation étrusque ne fit pas seulement l'objet de traités scientifiques. De nombreuses œuvres romanesques y font référence. En 1910, Gabriele D'Annunzio illustra dans son roman *Forse che si, forse che no* (*Peut-être que oui, peut-être que non*) la vision tragique que les Etrusques avaient, selon lui, de la vie. Il souligna l'importance du thème du départ et donc de la séparation dans les œuvres de ce peuple imprégné de tristesse, d'angoisse et de fatalité.

Bien différente est l'image que proposera quelques années plus tard le romancier anglais D. H. Lawrence, l'auteur de *L'Amant de lady Chatterley*. Après avoir visité la Toscane en 1926 et 1927, il rassembla ses impressions de voyage dans un ouvrage, *Etruscan Places* (*Sites étrusques*) qui ne fut publié qu'après sa mort en 1932. Très impressionné par la beauté des paysages toscans et par la vitalité des peintures des tombes de Tarquinia, Lawrence écrit : « Les personnages dans les peintures étrusques expriment la vie même, une vie exubérante et sensuelle. L'art étrusque représente la floraison naturelle de la vie. Derrière toutes ces danses, il y avait une vision, une science même de la vie, une conception de l'univers et de la place de l'homme dans cet univers qui faisaient vivre les hommes au plein de leurs capacités. Pour les Etrusques, tout était vivant et le devoir de l'homme était de vivre aussi. Il devait faire rentrer en lui toute la vie du monde. Le cosmos était vivant comme une créature. L'univers entier vivait et respirait. »

Lawrence était très lié à un autre écrivain anglais, Aldous Huxley, auteur du célèbre roman d'anticipation *Le Meilleur des mondes*, qui lui survécut trente-trois ans et publia leur correspondance. Huxley partageait les sentiments de Lawrence sur les Etrusques. Dans *Point contre point*, publié en 1928, il affirme que « les Etrusques étaient civilisés. Ils savaient mener une vie harmonieuse et pleine mettant en jeu leur être tout entier ». Bien entendu, ces deux auteurs investissaient la civilisation étrusque de leurs préoccupations et de leur sensibilité personnelles. Ils y cherchaient une confirmation de ce qu'ils ressentaient ou désiraient trouver dans leur propre existence. Mais la qualité de leurs analyses apporta un point de vue vivant et intelligent : « Les deux romanciers anglais, a écrit à leur sujet l'historien italien Massimo Pallotino, transfigurent l'Etrurie antique et la présentent comme un monde perdu, qui jouit d'une félicité naturelle et vit impétueusement d'une vie physique spontanée, sans intervention de la raison et de la morale, dans un monde que la raison et la morale avaient justement étouffé au cours des siècles pour le malheur du genre humain. Selon Marc Rampion, un des personnages de *Point contre point* de Huxley, les Etrusques connaissaient le secret d'une vie harmonieuse et complète ; pour Lawrence, ils respiraient librement et vivaient agréablement avec plénitude, comme s'ils pratiquaient une religion de la vie, alors que nous, nous avons perdu l'art de vivre[1]. »

---

1. Massimo Pallotino, *in* le catalogue de l'exposition « Les Etrusques et l'Europe ».

Bien plus tard, en 1962, l'écrivain argentin Manuel Mujica Lainez (1910-1984) publie *Bomarzo*, récit qui met en scène Pier Francesco Orsini, membre d'une des plus puissantes familles aristocratiques du Latium et seigneur de la localité de Bomarzo, petite cité d'origine étrusque appelée dans l'Antiquité Polimartium. « En vérité, fait-il dire à son héros, Bomarzo tout entier et la zone de roches fissurées entourant la hauteur qui servait de soubassement à la masse du château étaient une immense nécropole étrusque comme la lucumonie toute proche de Tarquinia. Pianmeano, Piano della Colonna, et Monte Casuli, les villages des environs de Castelluzzo, Rochette et Castello regorgent des vestiges du peuple le plus indéchiffrable d'Europe. Parfois je pense que quelques traits des premiers habitants de ce lieu sont demeurés au fond de ma personnalité, eux qui furent poétiques et mélancoliques, mais aussi lubriques et sanguinaires. »

Curieusement, quelques années après, en 1968, et toujours à propos des jardins de Bomarzo créés par Orsini dont elle tente d'expliquer la symbolique, la romancière néerlandaise Hella S. Haasse rejoint Manuel Mujica Lainez : « Malgré la sensualité indéniablement terrestre des chasseurs, danseurs et joueurs de flûte qui sont représentés en ocre et roussâtre sur les fresques des hypogées, malgré les lèvres souriantes des statues funéraires que l'on dirait allongées à table, en train de manger, leur culture a quelque chose de sévère et de funèbre[1]. »

Il est certain que chacun de ces auteurs a trouvé dans la civilisation étrusque ce qu'il y cherchait selon son

1. *Les Jardins de Bomarzo*, Le Seuil, Paris, 2000, pour la traduction française.

propre tempérament ou sa sensibilité : le tragique et l'angoisse chez D'Annunzio, la vitalité et la joie de vivre chez Lawrence et Huxley, l'énergie sauvage et le sombre mystère chez Manuel Mujica Lainez. Tous ces éléments coexistaient probablement chez les Etrusques. Il serait pourtant réducteur de n'en retenir qu'un au détriment des autres, d'autant que les différentes périodes de l'art étrusque ont connu des influences diverses et ont elles-mêmes exprimé des sentiments déterminés par leur contexte politique et économique.

Le mystère de la langue étrusque

La difficulté de comprendre leur langue a entretenu longtemps le mystère étrusque. Cette langue ne ressemble en effet à aucun autre idiome connu, malgré quelques points de grammaire communs avec des langues anatoliennes ou indo-européennes. Elle n'est pas une langue indo-européenne, et ce que l'on connaît de ses caractéristiques grammaticales montre qu'elle fait partie structurellement du groupe des langues dites « agglutinantes » comme le finnois ou le turc. Tout porte à croire que la langue étrusque serait une très ancienne langue méditerranéenne qui aurait subsisté malgré la diffusion des langues indo-européennes auxquelles elle aurait seulement emprunté au fil du temps quelques éléments.

L'alphabet étrusque[1], parfaitement lisible, dérive de l'alphabet grec que les Etrusques ont emprunté aux Eubéens pour faciliter leurs rapports commerciaux avec le monde grec, et un peu adapté en y ajoutant

1. Voir page 10 un alphabet reconstitué.

quelques caractères pour écrire certains sons propres à leur langue. Le plus célèbre alphabet étrusque est gravé sur un petit vase de *bucchero* en forme de coq, probablement un encrier, conservé au Metropolitan Museum de New York. Il provient de Viterbe et date de la seconde moitié du VIIe siècle avant J.-C. Il se lit de gauche à droite. A cette époque, les Etrusques écrivent indifféremment de gauche à droite ou de droite à gauche. Mais, à partir du VIe siècle avant J.-C., l'usage se généralise d'écrire de droite à gauche.

On possède environ onze mille inscriptions étrusques, ce qui est assez important si l'on considère que, pour la période correspondante de l'histoire romaine, on ne dispose que de trois mille inscriptions latines. Mais ces inscriptions sont le plus souvent brèves et limitées à quelques sujets : beaucoup sont des dédicaces d'objets à des divinités, des marques de fabrique ou des indications de propriété par lesquelles l'objet (ou la tombe) désigne lui-même son propriétaire. Ainsi cette inscription figurant sur un *kôthon*, vase grec retrouvé dans une tombe de Caere : « *Mi qutum Karkanas* », ce qui signifie : « Je suis le *khôton* [en étrusque *qutum*] de Karkanas. » Nombreuses sont aussi les inscriptions funéraires : elles indiquent le nom du défunt, ceux de son père et de sa mère, son âge au moment de son décès et parfois les charges officielles qu'il avait occupées de son vivant. En voici un exemple simple : « *Velthur Larisal clan Cuclnial Thanchvilus lupu avils XXV* », ce qui signifie : « Velthur, fils (*clan*) de Laris et Tanaquil Cuclni est mort (*lupu*) à vingt-cinq ans (*avils*)[1]. »

1. D'après J. Heurgon, *La Vie quotidienne chez les Etrusques*, Paris, Hachette, 1961.

La plus longue inscription funéraire connue figure sur le sarcophage de Lars Pulena, qui date du début du IIe siècle avant J.-C. et compte cinquante-neuf mots. Le défunt tient à la main un rouleau qui relate sa généalogie et sa carrière.

Les textes vraiment longs sont peu nombreux, une dizaine environ. Parmi ceux-ci, le plus célèbre fut écrit sur les bandelettes de lin qui enveloppaient une momie retrouvée en Egypte ; il est conservé aujourd'hui au musée de Zagreb en Croatie. Ce texte compte plus de mille deux cents mots et constitue un « livre de lin », en latin *liber linteus,* dont les étruscologues discutent encore la datation, entre le IIIe et le début du Ier siècle avant J.-C. Il s'agit d'une sorte de calendrier sacré avec des indications de rituels et de cérémonies religieuses à organiser à certains moments propices en l'honneur de diverses divinités. Au musée de Berlin est conservé une tuile d'argile provenant de Capoue sur laquelle est gravée une inscription d'environ trois cent quatre-vingt-dix mots. C'est un texte à caractère religieux et rituel qui s'apparente au *liber linteus* de Zagreb. En 1992, fut découvert à Cortone une tablette en bronze comportant une inscription de deux cent six mots. C'est un document juridique de la fin du IIIe siècle avant J.-C. portant sur le partage d'une propriété entre plusieurs personnes. A Pérouse enfin est conservé un *cippe* sur lequel est gravé un texte de cent vingt-huit mots dont la signification n'est pas très claire. Il semble qu'il s'agisse d'une décision concernant un litige sur des questions de propriété entre deux familles nobles de Pérouse. Les autres inscriptions connues actuellement ne dépassent pas une soixantaine de mots.

La relative rareté des textes en étrusque ainsi que la portée assez limitée de leurs sujets, l'originalité enfin de cette langue, expliquent que son déchiffrement ait été long et fragmentaire. Aujourd'hui encore, on ne comprend avec certitude qu'à peine trois cents mots étrusques, ainsi que la plupart des nombres simples. La structure grammaticale de la langue, complexe, reste mal connue : les spécialistes savent comment se forment le féminin des noms propres ainsi que le pluriel, et connaissent l'existence de cas de déclinaison comme le génitif, le datif et le locatif. La conjugaison des verbes est mal maîtrisée. Par ailleurs, on n'a pas encore découvert de véritable inscription bilingue où l'étrusque voisinerait avec une langue comme le grec, le punique ou le latin. En 1964, trois lamelles d'or gravées d'inscriptions ont pourtant été retrouvées dans le port de Pyrgi, sur la côte de la mer Tyrrhénienne. Deux d'entre elles portent un texte étrusque, la troisième un texte en punique, langue des anciens Carthaginois. On a d'abord espéré que les deux textes étaient identiques. Malheureusement, leur étude a montré qu'ils racontaient les mêmes faits, mais n'étaient pas la traduction exacte l'un de l'autre.

Nous savons néanmoins par les auteurs grecs et latins que les Etrusques écrivaient beaucoup : livres religieux, archives des temples ou des familles nobles, chroniques historiques, poèmes, pièces de théâtre, traités techniques. Varron, qui affirmait avoir eu connaissance de récits historiques rédigés par des Etrusques, cite le nom d'un auteur de théâtre, Volnius. En l'an 48 de notre ère, l'empereur Claude mentionne dans son discours devant le Sénat des historiens étrusques, dont les ouvrages lui auraient apporté certaines informations nécessaires à la rédaction de ses *Tyrrhenika*. Mais après avoir subsisté pendant les premiers temps de l'Empire romain, tous ces textes ont disparu, car ils étaient écrits sur des supports fragiles comme le lin, le papyrus ou le parchemin. Ils n'ont pas été recopiés après la fin de l'Antiquité par les moines copistes du Moyen Age comme ce fut le cas pour les textes des grands auteurs grecs et latins. Outre le faible intérêt de recopier des textes écrits dans une langue que personne ne comprenait plus, on peut penser qu'il y eut à la fin de l'Antiquité la volonté politique de faire disparaître toute trace de l'ancienne religion étrusque, dans la mesure où les chrétiens triomphants considéraient que l'antique langue étrusque, qui avait été longtemps conservée dans certains rituels, était liée aux pratiques d'un paganisme dont il fallait extirper définitivement les superstitions. Ainsi, l'empereur Théodose (346-395) porta un coup mortel à l'antique « discipline étrusque » en interdisant les sacrifices et la consultation des haruspices. Son fils Honorius (384-423) ira plus loin encore en faisant brûler en public des livres sacrés comme ceux concernant la nymphe Vegoia. Quant aux livres religieux traduits en latin au Ier siècle avant J.-C. par des érudits comme Tarquitius Priscus ou Aulus Caecina, descendants de vieilles familles étrusques, ils ont aussi été perdus et nous n'en connaissons que quelques passages cités par des auteurs latins tels que Cicéron, Pline l'Ancien ou Sénèque.

La question des origines

Un autre élément nourrissait le « mystère étrusque » : il était lié au problème de leurs origines, débattu depuis plusieurs siècles. Dès l'Antiquité, les Etrusques étaient en effet considérés comme différents par les peuples voisins. L'originalité de la culture étrusque, ses particularités linguistiques par rapport aux autres peuples d'Italie et l'émergence assez soudaine, vers le milieu du VIIIe siècle avant J.-C., d'une civilisation avancée en Italie centrale au milieu de peuples relativement frustes, à l'économie encore agricole et villageoise, avaient de quoi intriguer. La tentation fut grande d'en conclure que cette civilisation était d'origine étrangère. Aujourd'hui, ce débat ne préoccupe plus autant les spécialistes, dans la mesure où la question n'est pas primordiale : une civilisation n'est-elle pas la somme d'influences et de traditions diverses ? Ainsi, la nation française a des origines celtiques, latines et germaniques. Il serait vain d'en rechercher l'origine unique. Il est plus important de mieux connaître les différents aspects de la civilisation étrusque que de poursuivre des débats un peu stériles sur cette question. Mais dans la mesure où cette question procède de la « fortune » des Etrusques, il faut examiner cette polémique déjà ancienne et faire le point sur les conclusions les plus vraisemblables énoncées par les chercheurs modernes.

Ainsi, pendant longtemps, l'origine orientale des Etrusques ne fit guère de doute. Les historiens partisans de cette théorie orientaliste établissaient comme certain que les Etrusques venaient d'Asie Mineure. Ils se basaient sur un texte d'Hérodote, historien grec du ve siècle avant J.-C. Celui que l'on a surnommé le « Père de l'histoire » racontait qu'à la suite d'une grande famine, le roi Atys de Lydie avait divisé son peuple en deux groupes dont l'un dut s'expatrier sous la conduite de son fils Tyrrhénos. Ces Lydiens embarquèrent à la recherche de nouvelles terres. Hérodote précise qu'ils changèrent alors leur nom de Lydiens en celui de Tyrrhènes ou Tyrrhéniens, dérivé du patronyme Tyrrhénos[1]. Ils finirent par accoster sur les rivages de l'Italie centrale et s'établirent dans le pays des Ombriens, peuple qu'ils repoussèrent vers l'est. La découverte en 1853 du site de Villanova, près de Bologne, et de ses tombes à crémation relança la question des origines étrusques en les resituant dans le contexte de l'Italie préhistorique. On découvrit en effet un peuple, les Villanoviens, qui habitaient la région où se développera à l'époque historique la civilisation étrusque. Les Villanoviens étaient des cultivateurs et des éleveurs sédentaires qui vivaient dans des villages constitués de grandes cabanes construites en matériaux périssables (bois et terre). Mais les historiens partisans de la thèse orientaliste assimilèrent d'abord les Villanoviens aux Ombriens. Ceux-ci auraient été beaucoup moins civilisés que les Tyrrhéniens, nouveaux arrivants qui apportaient avec eux non seulement l'écriture, mais aussi une organisation sociale, politique et militaire élaborée, ainsi qu'un art raffiné. Dans les années 1930, l'historien allemand F. Schillmann écrivait : « D'où et quand les Etrusques débarquèrent en Toscane, nous l'ignorons. Ce qui est sûr c'est que ce peuple avait alors déjà un long passé,

1. Certains auteurs grecs utilisaient aussi le nom de « Tyrséniens ».

car il apportait avec lui sa riche civilisation. Peuple robuste, initié aux armes, il construisit des villes aux murs et châteaux forts imposants, sut plier la nature à l'empire de ses travaux, se lança hardiment sur la mer, laboura le sol et s'adonna avec ardeur au commerce. Puis, franchissant les Apennins, les Etrusques pénétrèrent jusque dans la plaine du Pô, tandis qu'au sud, ils s'établissaient dans le Latium et même en Campanie[1]. » C'est à peu près la thèse que soutenait aussi, en la précisant, un autre historien, Léon Homo : « Le pays de Toscane, alors aux mains des Ombriens, en était au stade de la civilisation de Villanova. Les nouveaux venus apportaient avec eux une technique et des moyens d'action bien supérieurs à ceux des indigènes, mais arrivés par mer et de fort loin, telles les bandes de Normands au Moyen Age, ils formaient nécessairement un petit nombre, fait qui explique mieux que tout autre la lenteur de la conquête… Partie du littoral toscan, la conquête a gagné graduellement vers l'intérieur et rejeté peu à peu les populations ombriennes dans l'Appenin[2]. » Dans les années 1950, le Français André Piganiol affirmait : « Si on ne disposait que d'une phrase pour définir l'Etrurie, il faudrait se contenter de dire qu'elle est en Italie comme un fragment de Babylone. »

Une variante de cette origine orientale, rapportée par l'historien Hellanicos de Lesbos au ve siècle avant J.-C., fait descendre les Etrusques des Pélasges, peuple semi-légendaire qui aurait précédé les Grecs.

---

1. F. Schillmann, *Histoire de la civilisation toscane*, Paris Payot, 1931.

2. L. Homo, *L'Italie primitive et les débuts de l'impérialisme romain*, Paris, Albin Michel, 1953.

Un de leurs groupes se serait installé en Italie en abordant la côte adriatique avant de progresser vers l'ouest. D'autres éléments venaient à l'appui de la thèse orientaliste, en particulier le grand mouvement de peuples qui avait bouleversé les régions méditerranéennes à la fin du XIIIe et au début du XIIe siècle avant J.-C., en détruisant l'Empire hittite d'Asie Mineure, et dont un épisode fut la tentative infructueuse des « Peuples de la mer » pour envahir l'Egypte.

Les chroniques égyptiennes mentionnent en effet parmi leurs envahisseurs différents groupes dont celui des Tursha. Ce nom rappelle évidemment celui des Tusci ou Toscans. Certains historiens imaginèrent alors que ces Tursha, repoussés par les Egyptiens, avaient pu chercher fortune ailleurs, et s'étaient installés en Italie au terme de leurs pérégrinations. Une preuve supplémentaire de cette migration était la découverte en 1885, dans l'île de Lemnos en mer Egée, d'une stèle comportant une inscription rédigée dans une langue qui ressemblait fort à l'étrusque. L'île aurait donc été une étape de cette migration, ou même son point de départ.

Enfin, la découverte d'objets de luxe à décor oriental dans les tombes princières étrusques du VIIe siècle avant J.-C. semblait confirmer de manière évidente le récit d'Hérodote.

Toujours dans les années 1950, l'étruscologue Raymond Bloch ne doutait pas non plus de l'origine orientale des Etrusques : « Les caractères fondamentalement orientaux qu'ils manifestent dans les secteurs les plus divers de la pensée, de la culture, de la religion et de l'art ne peuvent guère s'expliquer sans qu'on recoure à l'hypothèse d'une venue d'un noyau de navigateurs asiatiques. Ceux-ci ont remonté jusqu'aux rivages de la Toscane et la richesse et la beauté du pays leur ont promis une colonisation agréable et féconde[1]. » Il adopte toutefois une attitude plus nuancée que ses prédécesseurs, en signalant pour la première fois une théorie avancée par l'historien Jean Bérard, qui pensait que cette arrivée de navigateurs étrangers se situait probablement plus haut dans le temps qu'on ne le croyait jusque-là. Raymond Bloch fut le premier, dès 1954, à défendre l'idée que les Villanoviens seraient en réalité des Proto-Etrusques. Mais la thèse orientale fut par la suite remise en question par les chercheurs. En 1976, un dernier auteur, Werner Keller, persistait encore à la défendre, reprenant à peu près la formule d'André Piganiol : « A partir du VIIe siècle avant J.-C., on a en plein milieu de la péninsule italienne une véritable oasis transplantée d'est en ouest ; ce morceau d'Orient en Occident, c'est le pays étrusque[2]. » Par ailleurs, l'auteur, dont l'érudition est certaine, prenait des positions considérées comme erronées aujourd'hui en dramatisant à l'excès l'histoire étrusque. Il reprenait à son compte les anciennes thèses antiromaines en opposant le caractère prétendument pacifique des Etrusques à la brutalité conquérante des Romains.

Dès l'Antiquité pourtant, l'historien grec Denys d'Halicarnasse qui vivait à Rome à l'époque d'Auguste, avait soutenu que les Etrusques étaient des autochtones, appartenant à un très ancien peuple établi en Italie depuis des temps immémoriaux. Voici ce qu'il écrivait : « Le sentiment de ceux qui font des Tyrrhéniens des ori-

1. R. Bloch, *Les Etrusques*, Paris, PUF, 1954.
2. W. Keller, *Les Etrusques*, Paris, Fayard, 1976.

ginaires de l'Italie me paraît plus raisonnable et plus vrai, puisqu'ils sont un peuple extrêmement ancien et que leur langage et leurs coutumes n'ont rien de commun avec ceux des autres peuples[1]. » Il ajoutait que les Etrusques se désignaient eux-mêmes sous le vocable de *Rasenna*, terme qui a été rapproché de celui de *rasna* qui signifierait en langue étrusque « état » ou « nation ». Pour l'historienne Agnès Rouveret, *Rasenna* se traduirait par « ceux qui appartiennent à la cité[2] ». Cette appellation pourrait donc se rapprocher d'un terme générique, comme *the States* appliqué aux Etats-Unis, ou peut-être de l'usage de certains peuples indiens d'Amérique du Nord, comme les Navajos, qui se désignent collectivement du nom de *Dineh*, qui signifie « le Peuple ».

Aujourd'hui plus personne ne croit en l'arrivée subite en Italie centrale d'un peuple venu d'Orient. L'expression de Proto-Etrusques pour désigner les Villanoviens est ainsi reprise par Jean-Paul Thuillier pour qui, « derrière cette formule aride, se cache une constatation simple : la civilisation étrusque s'est épanouie sur place, en Italie, au contact des colons grecs attirés par le fer de l'île d'Elbe[3] ».

D'ailleurs, les objets à décor oriental (vases et bijoux) existent dans bien d'autres régions du bassin méditerranéen, comme la Campanie, le sud de la France, la péninsule Ibérique et la Grèce. Cette dernière connut, comme l'Etrurie, une période artistique dite orientalisante qui dura de la fin du VIIIe à la fin du VIIe siècle avant J.-C. Il ne s'agit donc pas d'un art propre aux Etrusques de cette époque, mais d'une

1. *Les Antiquités romaines*, livre I, 27-30.
2. *L'Art de l'Antiquité*, Paris, Gallimard et RMN, 1995.
3. *Les Etrusques, la fin d'un mystère*, *op. cit.*

mode décorative venue d'Orient qui leur fut transmise par les Phéniciens et les Grecs. Ces œuvres d'art orientalisant furent bel et bien importées ou imitées par des artisans locaux : songeons que la présence d'objets et de décors chinois dans les demeures aristocratiques du XVIIIe siècle français correspondait aussi à une mode et ne signifie pas l'arrivée massive à cette époque en France de populations venues d'Extrême-Orient. On ne s'est d'ailleurs jamais posé en ces termes la question de l'art orientalisant dans les autres régions méditerranéennes où on en trouve.

La chronologie est elle aussi en contradiction avec cette théorie : d'après le récit d'Hérodote, l'arrivée des Etrusques en Italie se situerait peu après la fin de la guerre de Troie, c'est-à-dire entre la fin du XIIIe et le début du XIIe siècle avant J.-C. Or, la période orientalisante de l'art étrusque correspond à peu près au VIIe siècle. Que se serait-il donc passé entre ces deux dates ?

Quant à l'inscription de Lemnos, l'étruscologue Massimo Pallotino a prouvé que, malgré ses analogies linguistiques incontestables avec l'étrusque, elle comporte des différences très sensibles qui font que les deux langues appartiennent peut-être à un même groupe mais ne sont pas identiques.

Une dernière tentative pour éclaircir le « mystère » de l'origine des Etrusques se fit dans les années 1990 ; elle est basée cette fois sur la génétique. Le généticien Turinois A. Piazza eut l'idée de prélever l'ADN de quelques habitants de la bourgade de Murlo en Toscane afin de le comparer à celui de populations d'Asie Mineure, sans d'ailleurs préciser lesquelles. D'après ce chercheur, le résultat de la comparaison montre une similitude entre l'ADN de ces deux groupes de personnes, ce qui donnerait raison aux partisans de l'origine orientale des Etrusques[1]. L'idée est intéressante, mais elle repose sur le postulat que les quelques habitants de Murlo, volontaires pour cette expérience, seraient des descendants directs des Etrusques. Or, malgré l'isolement relatif de la petite ville (la voie militaire Clodia avait été construite par les Romains après 280 sur la portion de territoire enlevée à Vulci et à Volsinies, ce qui avait déjà dû désenclaver cette région), il serait étonnant que la population de l'endroit soit restée totalement à l'écart des brassages de population provoqués au cours des siècles, notamment par l'installation systématique en Toscane à partir du IIIe siècle avant J.-C. de colons et de vétérans latins ou romains. Murlo se trouve d'ailleurs à proximité de Saturnia, colonie romaine fondée en 183 avant J.-C., et de Sienne, créée par Auguste sous le nom de Colonia Saena Iulia, sur le site d'une ancienne bourgade étrusque.

Ainsi, ce qu'avait pressenti Raymond Bloch est aujourd'hui considéré comme exact : les Villanoviens sont les ancêtres directs des Etrusques ; ils ont intégré, au contact des Phéniciens et surtout des colons grecs installés en Italie du Sud au VIIIe siècle avant J.-C., de nouveaux éléments culturels dont le plus important fut l'écriture. Les études archéologiques récentes concernant la culture villanovienne du début de l'âge du fer ont toutes prouvé que la civilisation étrusque s'est développée à partir de la fin du VIIIe siècle avant J.-C. sur les sites occupés précédemment par les Villanoviens. Les grandes cités de l'époque historique se

---

1. *Etrusques, la clé du mystère*, documentaire réalisé en 2003 par R. Portiche pour France 2.

sont en fait constituées par le regroupement des villages villanoviens. Ce phénomène, qui exista également en Grèce, porte le nom de « synoecisme ». Nous ne sommes donc pas en présence d'une civilisation venue de l'extérieur, importée par des Orientaux, qui s'imposa à des cultures locales en les supplantant, mais d'une tradition culturelle locale solide qui s'ouvrit à des influences extérieures et progressa en les assimilant. Massimo Pallotino est formel : « Nous savons aujourd'hui qu'il ne faut imaginer ni immigration ni colonisation à l'origine du peuple étrusque, mais bien plutôt un processus de formation dans lequel ont pu intervenir des apports étrangers d'origine orientale, mais seulement à l'époque préhistorique[1]. » On voit que cet étruscologue n'écarte pas la possibilité d'éléments venus d'Orient en Italie. Mais alors, il faudrait reculer considérablement leur arrivée et la placer au XIIe siècle avant J-.C., ce qui coïnciderait avec les mouvements de peuples évoqués plus haut.

Au XIXe siècle, quelques savants, allemands surtout, avancèrent une autre thèse, celle de l'origine nordique des Etrusques. Ceux-ci auraient fait partie d'un ensemble d'envahisseurs indo-européens venus d'Europe centrale, dont les rites funéraires étaient caractérisés par la crémation. Or, les Proto-Villanoviens et les Villanoviens étaient bien des incinérants. Un rapprochement fut alors fait avec la civilisation incinérante dite « des champs d'urnes » qui se développa à la fin de l'âge du bronze en Europe centrale. Ces envahisseurs auraient franchi les Alpes, puis se seraient répandus en Italie centrale où ils se seraient substitués à la civilisation indigène dite « apenninique ». Outre l'argument fourni

1. Massimo Pallotino, *op. cit.*

par la pratique de l'incinération, des inscriptions de type étrusque retrouvées dans le Trentin et le Haut-Adige, en Italie du Nord, viendraient à l'appui de cette théorie, ainsi que l'existence à l'époque romaine du peuple alpin des Rhètes dont la langue, selon Tite-Live, était proche de l'étrusque : « Sans doute les peuples alpins ont-ils la même origine que les Etrusques, écrit-il, et surtout les Rhètes qui, rendus sauvages par le pays, n'ont conservé de leur passé que l'accent de la langue, et encore bien corrompu. » En fait, les recherches archéologiques ont montré que la présence des Etrusques dans la plaine du Pô était due à une expansion venue du sud, et non l'inverse. Quant à la civilisation des champs d'urnes, il est aujourd'hui prouvé qu'elle fut le fait de Proto-Celtes, c'est-à-dire de populations indo-européennes, ce que n'étaient pas les Villanoviens. D'autre part, les rites funéraires ne sont pas en soi caractéristiques d'une civilisation, et leur diffusion n'est pas forcément due à une invasion ou à un déplacement de peuples[1]. Tout au long de l'histoire étrusque, l'inhumation et l'incinération ont d'ailleurs cohabité avec une prédominance du premier rite dans le nord de l'Etrurie et dans le Latium, et l'inverse dans la région de Chiusi et en Campanie. Ce fut aussi le cas chez les Romains, où certaines familles aristocratiques comme les Scipions conservèrent le rite de l'inhumation, alors que la majorité des familles patriciennes pratiquait l'incinération, au moins jusqu'au IIIe siècle après J.-C. où la tendance s'inversa, sans doute sous

1. « Le rite [de l'incinération] a pu gagner de proche en proche. Il a pu être adopté par des groupes non indo-européens (comme les Villanoviens) autant que par des groupes indo-européens. » *In* D. Briquel, *Les Etrusques, peuple de la différence*, Paris, Armand Colin, 1993.

l'influence grandissante du christianisme. Quant aux Rhètes, ils sont probablement les descendants des Etrusques installés dans les régions alpines à partir du début du Ve siècle avant J.-C. et coupés de leurs compatriotes d'Italie centrale à la suite des invasions celtiques en Italie du Nord au IVe siècle avant J.-C. Cette théorie de l'origine nordique des Etrusques est désormais également abandonnée.

DEUXIÈME PARTIE

LES ÉTRUSQUES ENTRENT DANS L'HISTOIRE

Un éden sur terre

L'espace central où s'est développée la civilisation étrusque est aujourd'hui réparti sur trois régions de l'Italie : la Toscane, le nord du Latium et l'ouest de l'Ombrie. Ce sont ces trois zones qui constituent à proprement parler l'Etrurie antique. Le relief de cette région est assez accidenté. Au nord et à l'est, la chaîne des Apennins forme une succession de barrières montagneuses échelonnées du nord au sud. Leur altitude est assez modeste puisque le plus haut sommet, le mont Cimone, situé au nord de l'Apennin toscan, culmine à 2 163 mètres. Plus à l'ouest, la chaîne montagneuse se morcelle en massifs de moindre altitude, ce qui donne un paysage de collines parfois traversé par des vallées fluviales comme celles de l'Arno ou de l'Ombrone. Les plaines sont plutôt rares et s'étendent surtout le long de la mer Tyrrhénienne. C'est le cas de la plaine côtière de la Maremme. La partie sud de l'Etrurie, qui correspond aujourd'hui au nord du Latium, est de nature volcanique. La pierre caractéristique y est le tuf, facile à travailler mais fragile car friable. Les anciens volcans qui s'y trouvent sont éteints depuis longtemps, et leurs cratères sont occupés par des lacs comme le lac de Bolsena qui fait plus de 110 kilomètres carrés de superficie. Le relief y est également accidenté, constitué de plateaux et de collines. Les parties les plus élevées sont encore aujourd'hui partiellement couvertes de forêts de chênes, de châtaigniers, de hêtres et, à partir de 1 300 mètres d'altitude, de sapins. Ces forêts étaient évidemment plus étendues à l'époque des Etrusques. Le long de la côte, la végétation est constituée de maquis méditerranéen ou de pinèdes.

A cet espace central constitué par l'Etrurie proprement dite il convient d'ajouter deux régions périphériques : la Campanie autour de Capoue et la plaine du Pô (l'Etrurie padane). Dans ces deux régions, la civilisation étrusque succédera également à la civilisation villanovienne. La présence étrusque y sera ensuite renforcée par de nouvelles vagues de colonisation au cours du VIe siècle avant J.-C.

L'époque villanovienne est, comme on l'a vu, la préhistoire des Etrusques. La civilisation étrusque proprement dite apparut dans la seconde moitié du VIIIe siècle avant J.-C. L'éclosion de cette civilisation originale fut favorisée par l'enrichissement provoqué par la commercialisation des richesses minières de l'Etrurie et les contacts culturels avec les Grecs et les Phéniciens qui ont accompagné ces échanges commerciaux. A ce titre, l'élément culturel le plus important fut l'adoption par les Proto-Etrusques de l'alphabet de type chalcidien sans doute fourni par la ville de Cumes fondée vers 750 avant J.-C., et légèrement adapté pour intégrer des sonorités qui leur étaient propres. A cette date, les rites funéraires se modifient : de nombreuses familles princières enrichies par le commerce ou les droits de péage prélevés sur les marchands traversant leurs territoires abandonnent l'incinération pratiquée par leurs ancêtres et adoptent l'inhumation. Les tombes monumentales remplies d'objets luxueux à motifs orientaux se multiplient, notamment en Etrurie méridionale. Elles sont le signe de la puissance de ces princes. L'histoire de la civilisation étrusque comporte ensuite les périodes suivantes : l'époque orientalisante (environ 720-580), au cours de laquelle les cités grecques d'Italie du Sud (la Grande Grèce) jouèrent un rôle d'intermédiaire pour la transmission en Etrurie des idées et des formes artistiques issues des grands centres culturels helléniques ; l'époque archaïque qui vit l'apogée de la civilisation étrusque (580-475) ; une période de transition et de crise qui correspond à la plus grande partie du Vᵉ et au IVᵉ siècle ; enfin l'époque hellénistique, de la fin du IVᵉ siècle à l'intégration définitive dans le monde romain au cours du Iᵉʳ siècle avant J.-C.

A la fin du VIIIᵉ siècle avant J.-C., les premiers Etrusques formaient déjà une nation dotée d'une forte identité. Leurs cités proches de la mer constituaient une *thalassocratie,* c'est-à-dire une puissance politique dont la richesse était basée sur le contrôle des routes maritimes en mer Tyrrhénienne. Ce contrôle était rendu possible par l'existence d'une puissante flotte commerciale et militaire, en réalité plusieurs flottes indépendantes, une pour chaque principale ville côtière. La présence étrusque sur les côtes de la Toscane était un frein à toutes les tentatives de colonisation grecque dans la région. Les premiers colons grecs redoutaient en effet beaucoup la piraterie étrusque. Strabon rapporte ainsi que, selon l'historien de Cumes, Ephore, qui vivait au IVᵉ siècle avant J.-C., les premiers établissements grecs en Sicile remontaient seulement à quinze générations après la guerre de Troie, car les Grecs craignaient les raids des Tyrrhéniens réputés pour leur cruauté.

L'implantation par les Grecs d'Eubée vers 770 avant J.-C. du premier établissement grec en mer Tyrrhénienne, Pythécusses, dans l'île d'Ischia au large de Naples, ne put donc certainement se faire qu'avec l'accord des Proto-Etrusques dont la flotte avait jusque-là interdit aux navires venus d'Orient l'accès aux côtes toscanes. Il ne s'agissait encore que d'un simple comptoir, ou *emporion*, qui bénéficiait d'une position commerciale privilégiée pour rejoindre rapidement la terre ferme étrusque, celle de Campanie comme celle d'Etrurie proprement dite. Par ailleurs, idéalement placé entre Orient et Occident, Pythécusses fut un important lieu d'échanges entre les marchandises de luxe venues de Grèce et d'Orient, très recherchées par les représentants de l'aristocratie des villes étrusques naissantes, et le fer des mines toscanes. Le lieu était cosmopolite : des marchands syro-phéniciens y côtoyaient des femmes étrusques qui avaient été données en mariage aux marchands grecs, comme l'atteste la présence de vases funéraires toscans dans certaines tombes féminines retrouvées sur le site.

L'agriculture a joué un rôle déterminant dans le développement de la civilisation étrusque. L'Etrurie était en effet une riche région agricole qui produisait des céréales (épeautre, orge et mil), des légumes, des olives, du lin et du vin. Diodore de Sicile écrit : « La terre donne beaucoup de fruits et les habitants, par le soin qu'ils mettent à sa culture, réussissent à la rendre productive, et cela pas seulement pour leur subsistance. Les champs sont composés de vastes plaines coupées de collines, et sont bien cultivés. La terre est fertile parce que très humide, non seulement en hiver mais aussi en été. » Pline le Jeune décrit quant à lui le panorama dont il profite depuis sa villa d'Etrurie située près de Citta di Castello dans la région de Pérouse : des champs bien labourés qui s'étendent au pied de collines couvertes de vignes. Un paysage resté inchangé et que l'on peut encore contempler dans la Toscane d'aujourd'hui.

Les productions de légumes, de fruits ou d'huile d'olive étaient consommées localement. L'olivier avait été introduit en Italie par les colons grecs. L'huile d'olive, d'abord importée d'Attique, fut produite en Etrurie à partir du début du VIe siècle avant J.-C. Les Etrusques exportaient des céréales et du vin, qui était l'un des produits les plus importants de leur agriculture.

La vigne avait certainement été elle aussi introduite en Italie par des colons grecs. Les Etrusques la cultivaient en vigne haute ou en tonnelle, usage resté en vigueur de nos jours en Italie du Nord. Le mot vin se disait *vinum* en étrusque avant de passer au latin. Le vin étrusque était exporté en Corse, en Sicile, à Carthage et dans le sud de la Gaule. Les plus anciennes amphores ayant contenu du vin, retrouvées en Provence, étaient de provenance étrusque. Il est donc vraisemblable que ce sont les Etrusques qui ont fait connaître ce breuvage aux Gaulois. Avec le vin, les Etrusques exportaient des vases nécessaires à son service : coupes, *canthares*, *skiphoi*. La vigne et l'olivier seront encore considérés par les Romains comme les plantes emblématiques de l'agriculture italienne : dès les origines de Rome, un spécimen de chacune d'elles poussait sur le Forum devant la tribune des Rostres, ainsi qu'un figuier, arbre sous lequel la Louve aurait allaité Romulus et Remus.

La culture du lin était à l'origine d'un artisanat textile florissant dans la région de Tarquinia. On y fabriquait des voiles pour les navires et des vêtements. Ailleurs, la matière première était la laine. L'activité textile reste encore malheureusement un domaine mal connu de l'histoire antique parce qu'elle a, en général, peu d'implications diplomatiques ou militaires ; elle échappe aussi en grande partie à l'archéologie par la fragilité même de ses matériaux. Les textiles représentaient pourtant une part très importante de l'activité artisanale étrusque, liée directement à l'agriculture et à l'élevage. Les premières traces d'activités textiles en Etrurie remontent au début du premier millénaire avant notre ère. A partir du VIIIe siècle avant J.-C., la laine domine la production textile. La fin de l'âge du bronze marque l'apparition des premiers tissus complexes en Italie du Nord et centrale, à Verucchio, près de Rimini en Emilie-Romagne, à San Basilio près de Bologne, à Tarquinia et à Sasso di Furbara. Ils appartiennent à un contexte villanovien tardif ou orientalisant ancien (VIIIe-VIIe siècle avant notre ère).

Les restes de tissus étrusques, comme ceux découverts en 1970 dans la tombe 89 de Sotto Rocca à Verucchio, sont rares. Parmi eux, un large manteau de laine semi-circulaire de 264 centimètres de long et 88 de large dénommé *tebenna* en étrusque. Son étude est en cours : il s'agit d'une pièce de tissu réalisée en sergé de 2 lie 2, et décorée de fines bordures réalisées aux tablettes. Les autres tissus ont fourni d'amples renseignements qui permettent d'établir les premières comparaisons avec les exemplaires nord-alpins. Ils sont majoritairement en laine (à l'exception de ceux de Tarquinia) et réalisés surtout à partir de fils simples.

La plupart du temps, seuls sont préservés les éléments non organiques des métiers à tisser tels que les *fusaioles* pour le filage et les *pesons* pour le tissage. Une cabane de Verucchio a ainsi livré des poids et des bobines, restes d'un grand métier à tisser de la fin du VIIIe siècle avant J.-C. De rares représentations de métiers nous permettent toutefois d'imaginer la façon dont on travaillait les tissus et la place qu'ils tenaient dans la vie tant sociale qu'économique. Un trône en bois découvert à Verucchio et daté du VIIe siècle avant J.-C. présente un travail de marqueterie (bois intaillés et incrustés) ajourée et rehaussée de clous de bronze. On y observe plusieurs scènes relatives au métier du textile, notamment le transport de la laine sur une charrette tirée par deux chevaux. A l'arrière, deux hommes maintiennent le panier rempli de laine. Devant, sont installés le propriétaire ou l'intendant des troupeaux (sur un siège à dossier) et un cocher. A droite, devant la maison, deux femmes plongent la laine dans un bain pour faire prendre la couleur. Sur le toit de la maison, un enfant poursuit un héron. La scène de tissage sur un métier vertical à poids montre les tisserands debout sur une table et tissant l'un en face de l'autre. On retrouve une scène équivalente sur un *tintinnabulum* en bronze (sorte de pendentif en forme de clochette) découvert à Bologne dans la tombe n° 5 de la nécropole de l'Arsenal, plus connue sous le nom de *Tomba degli ori* (Tombe des ors, deuxième moitié du VIIe siècle avant J.-C.), où une femme est assise sur un siège qui ressemble au trône de Verucchio pour tisser sur un métier vertical à poids.

La fabrication de textiles a été pratiquée à tous les niveaux de la société étrusque. C'était une activité de grande importance culturelle et économique. Elle devait employer une main-d'œuvre considérable et de plus en plus spécialisée. L'organisation de la production s'est également intensifiée de manière significative à partir du VIIe siècle avant J.-C., ainsi que les échanges à courte et longue distance. Le contrôle de la production et de la transformation de la laine devait donc être une source de revenus importante aux mains de riches propriétaires : c'est ainsi que la femme du maître surveille attentivement le travail de la laine sur le trône de Verucchio[1].

L'élevage était lui aussi dynamique et varié : bovins, ovins, porcs, chevaux, abeilles. On élevait les chevaux pour la guerre ou le trait. Les bœufs étaient surtout employés aux travaux agricoles, tandis que la qualité du fromage de brebis et de la charcuterie étrusques était réputée. Les auteurs latins rapportent que les troupeaux de porcs étaient menés au son de la trompe par leurs porchers. Aujourd'hui encore, les porcs toscans élevés en semi-liberté se déplacent chaque jour d'un pré à un autre, ce qui ne manque pas d'étonner le touriste qui traverse la région.

Enfin, la vaste étendue des forêts qui recouvraient certaines régions du territoire faisait des Etrusques de grands producteurs de bois, utilisé pour la construction des habitations, des temples et des navires mais aussi pour alimenter en combustible les fourneaux métallurgiques. Ces forêts étaient riches en gibier comme les cervidés, les lièvres et les sangliers, dont les Toscans emploient encore la chair de nos jours pour la fabrication de savoureux saucissons. Les lacs et les marais d'Etrurie étaient fréquentés par diverses variétés d'oiseaux comme les canards sauvages représentés dans le charmant décor de la Tombe de la chasse et de la pêche de Tarquinia (fin du VIe siècle avant J.-C.), où les scènes de chasse se déroulent dans un décor naturel d'une étonnante fraîcheur.

---

1. L'étude sur le textile étrusque a été fournie par Christophe Moulherat, docteur en archéologie, spécialiste de l'étude des textiles archéologiques.

Nous connaissons bien l'outillage agricole utilisé par les paysans étrusques, car de nombreux outils ont été retrouvés lors des fouilles sur les sites toscans. Il s'agit de houes, de binettes, de pelles et de pioches, de serpes et de faucilles. Les Etrusques, comme la plupart des peuples méditerranéens de l'Antiquité, ne connaissaient pas la charrue mais l'araire, simple soc en bronze ou en fer fixé au bout d'un long manche, sans train de roues, tiré par des bœufs. Le musée de la villa Giulia à Rome possède un bronze votif provenant d'Arezzo, datant du IVe siècle avant J.-C. Il s'agit d'un modèle d'araire complet avec un laboureur debout derrière son attelage. Cet instrument, assez rudimentaire, suffisait pour labourer la terre toscane, riche mais légère. Le perfectionnement viendra plus tard des régions situées au nord des Alpes, avec l'invention de la charrue.

Les Etrusques pratiquaient le système de la jachère au moins à partir de la fin du VIIIe siècle avant J.-C. : sur le même champ, les céréales alternaient avec les légumineuses ou les pâturages. Les ingénieurs étrusques maîtrisaient les techniques de bonification et d'assainissement des terres, ce qui leur permit de mettre en valeur les régions marécageuses de la côte toscane, la Maremme actuelle. Ils construisirent dans ces régions un immense réseau de canaux d'écoulement et d'assèchement, parfois souterrains, afin de drainer les eaux stagnantes qui les rendaient insalubres. Après la disparition de la civilisation étrusque, l'entretien de ces canaux ne fut plus assuré. Ces terres redevinrent insalubres dès la fin de l'Antiquité et ne furent à nouveau partiellement bonifiées qu'au XXe siècle.

La richesse de l'Etrurie se trouvait aussi dans son sous-sol. Elle possédait d'importants gisements miniers dans la zone dite des collines métallifères au nord de Vetulonia, dans les monts de la Tolfa entre Tarquinia et Caere, près de Volterra et surtout dans l'île d'Elbe. Il s'agissait de fer, de cuivre, de plomb et d'argent. Ces métaux étaient très recherchés et les mines étrusques étaient de loin les plus riches de Méditerranée centrale. En revanche, l'étain, nécessaire à la fabrication du bronze, était présent mais en faible quantité. Il fallait donc l'importer des îles Britanniques.

Le minerai de fer était traité sur place, soit sur l'île d'Elbe, soit à Populonia (Pufluna en étrusque) qui devint dès le ve siècle avant J.-C. le plus grand centre sidérurgique d'Etrurie. Le minerai brut y était fondu dans des fours et transformé en lingots de métal qui, d'après Posidonios d'Apamée, philosophe grec du IIe siècle avant J.-C., « ressemblaient à de grosses éponges ». Populonia était la seule ville étrusque construite directement au bord de la mer. L'activité commerciale de son port la mettait en rapport étroit avec la Campanie, mais aussi avec le sud de la Gaule, en particulier Marseille.

Formidables monnaies d'échange, les minerais, exportés sous forme de matière première, permettaient aux Etrusques de se procurer en retour les produits de luxe très recherchés par les aristocrates de l'époque orientalisante, tels que bijoux, vaisselle, vases et meubles. Les marchands phéniciens et grecs les importaient en Etrurie en provenance de Grèce ou de régions du Proche-Orient comme l'Ourartou (Turquie de l'Est), la Syrie et l'Assyrie. Les minerais métalliques jouèrent ainsi pour les Etrusques un rôle comparable à celui du pétrole pour les royaumes arabes du Moyen-Orient au XXe siècle : une source de richesse exceptionnelle.

Une grande puissance commerciale

Le commerce fut dès l'origine une activité économique essentielle de la civilisation étrusque. Outre les produits agricoles et les minerais, les Etrusques exportaient des produits manufacturés. Les artisans étrusques fabriquaient des objets métalliques de toutes sortes comme des armes, des rasoirs, des miroirs, des ustensiles agricoles, des vases et récipients dont la facture était très supérieure à ceux produits par d'autres peuples. Ces produits, parmi lesquels figurent les vases de *bucchero*, la céramique noire caractéristique de l'artisanat étrusque, se répandirent en Gaule et dans tout le bassin méditerranéen.

Les premiers partenaires commerciaux des Etrusques furent les Sardes, avec qui des échanges se développèrent dès l'époque villanovienne. Des objets sardes ont été retrouvés à Populonia, Vetulonia, et Tarquinia. De même, des bronzes étrusques tels que rasoirs, épées, fibules, boucliers, sont présents dans le matériel provenant des fouilles de sites sardes. Ce furent ensuite les Grecs, Eubéens d'abord, puis Corinthiens, Phocéens et Athéniens : à partir de la fin du VIIe siècle, l'importation de céramiques grecques venues de Grèce orientale, de Rhodes et de Corinthe, puis au VIe siècle d'Attique, se fit massive.

Dans le courant du VIe siècle avant J.-C., les Etrusques développèrent leurs échanges commerciaux avec les Carthaginois qui avaient fondé précédemment une colonie à Ibiza et contrôlaient désormais le commerce en Méditerranée occidentale.

Le commerce emprunta d'abord la voie maritime. Le littoral de l'Etrurie qui est riche en criques, lagunes, plages de sable, îles et promontoires offrait de nombreux sites abrités à ses navires. Si la seule grande ville implantée directement sur la côte était Populonia, plusieurs autres cités importantes situées dans l'arrière-pays proche de la mer disposaient d'un port, facilement accessible au moyen d'un réseau de routes et de ponts. C'est le cas de Caere dont le débouché maritime était Pyrgi. Mais son district maritime comprenait d'autres comptoirs de moindre importance tels que Alsium, Monteroni et Castellina, celui-ci étant aussi un lieu de transformation des minerais extraits dans les mines des monts Tolfa tout proches. Le port le plus important du territoire de Tarquinia était Gravisca. Vulci possédait Orbetello et Talamone. Ces établissements côtiers, débouchés maritimes des cités de l'intérieur, devinrent des centres de production artisanale et agricole. Dans ces villes portuaires, on comptait de nombreux Grecs. Ils n'étaient pas intégrés à la communauté locale, mais en situation de résidents avec le droit de produire, de commercer, de construire des temples et de pratiquer leurs propres cultes. Le réseau portuaire ainsi constitué permettait aux navigateurs étrusques de bénéficier de nombreuses escales, relativement proches les unes des autres sur leurs routes commerciales. On naviguait en restant à peu de distance des côtes, près desquelles on jetait l'ancre pour la nuit.

A la fin du VIe siècle avant J.-C., la colonisation étrusque de l'Emilie, au nord de l'Italie, entraîna la fondation à Spina, sur l'Adriatique, d'un centre important pour le commerce maritime et terrestre où cohabitaient Grecs, Etrusques et Vénètes. A partir de

Spina, des céramiques attiques provenant d'Athènes et des produits finis en bronze fabriqués en Etrurie méridionale étaient acheminés vers les territoires celtes et ligures du sud de la Gaule. Au siècle suivant, le développement de Spina compensa en partie le déclin des cités maritimes de la côte tyrrhénienne. Cette prédominance de la mer explique la fréquence des représentations de navires dans l'art étrusque. A l'origine, les embarcations étaient rudimentaires et ressemblaient à de grandes barques. Elles n'avaient probablement pas de pont et, en guise de gouvernail, deux grandes rames situées à la poupe. Les navires de commerce avaient une forme bombée, avec une coque arrondie, une poupe recourbée et une proue pointue. La voile, carrée, était fixée à un mât unique souvent surmonté d'un nid de pie tel que celui que l'on voit sur un des navires représentés sur le cratère d'Aristonothos[1] conservé à Rome au Palais des Conservateurs. Leur longueur dépassait rarement une dizaine de mètres. Il semble également que les Etrusques aient perfectionné l'ancre qui était jusqu'alors en pierre et n'équipait que les navires de commerce.

Les navires de guerre étaient plus élancés et un peu plus longs, avec un ou deux rangs de rames. Ceux-ci étaient munis à l'avant d'un redoutable éperon recourbé, le rostre, dont Pline l'Ancien attribuait l'invention aux Etrusques. En octobre 2000, un navire étrusque d'époque archaïque (fin du VIe siècle avant J.-C.) fut découvert près de l'île de Porquerolles, au large de la presqu'île de Giens en Provence, par soixante mètres de fond. L'épave, d'une dimension exceptionnellement importante, environ 20 mètres de

1. Voir p. 83.

long sur 7 de large, contenait une cargaison d'amphores à vin jadis fermées par des bouchons de liège. Cette cargaison est estimée à plus de sept cents amphores. Il s'agit d'un chargement homogène, c'est-à-dire uniquement constitué de ces amphores à vin, accompagnées de quelques coupes à boire en bronze. Des poteries retrouvées dans l'épave, notamment un *askos*, laissent à penser que le bateau provenait de Pyrgi, le port de la puissante cité de Caere dont la production de vin était très appréciée. Ce navire devait probablement se rendre à Lattes, port situé à l'ouest de Marseille, où des amphores du même type que celles qu'il transportait ont été retrouvées stockées dans un magasin. La découverte est exceptionnelle. Nous ne connaissions qu'une demi-douzaine d'épaves de bateaux étrusques qui ne dépassaient pas une dizaine de mètres de long et contenaient des cargaisons semblables mais beaucoup moins importantes : quelques dizaines d'amphores étrusques et grecques et des vases à déguster le vin. Le fret chargé au retour par les Etrusques ne nous est pas connu par des sources archéologiques. On peut supposer toutefois que les richesses de la Gaule – minerais (or et étain), produits agricoles (viandes, céréales, miel, fromages), fourrures et sel – en constituaient l'essentiel.

Les auteurs grecs ont donné aux Etrusques la réputation d'être de redoutables pirates. Cicéron lui-même, dans son *De re publica*, affirmait que les Etrusques étaient, avec les Phéniciens, les seuls barbares capables d'exercer une activité de navigateurs. Mais alors que les Phéniciens étaient des commerçants, les Etrusques étaient selon lui des pirates.

Cette réputation n'était sans doute pas totalement usurpée. Ce qui est certain, c'est que les Etrusques, qui disputaient âprement aux marins grecs le contrôle de la mer Tyrrhénienne, les avaient gênés dans l'établissement de colonies, tout au moins sur la côte occidentale de l'Italie. Les accrochages entre les navires des deux peuples ainsi que les raids contre des villes côtières sans défense devaient être fréquents. Strabon signale ainsi dans sa *Géographie* que le tyran de Rhegion en Sicile, Anaxilas, avait fortifié sa ville et son port pour résister aux attaques des pirates tyrrhéniens. Il est vrai que la limite entre des pratiques commerciales un peu agressives et la véritable piraterie était moins nette dans l'Antiquité qu'aujourd'hui. Il faut attendre l'affirmation de la thalassocratie étrusque au VIIe siècle avant J.-C. pour que cette activité soit clairement considérée comme répréhensible. Dès lors, les affrontements avec les Grecs seront le fait de flottes armées officiellement par les cités-Etats.

Au fil du temps, les rapports entre Grecs d'Occident et Etrusques évoluèrent de façon complexe : selon les périodes et les cités concernées, ils se caractérisèrent par l'amitié ou la rivalité, les échanges commerciaux ou la piraterie. De ce point de vue, le « cratère » d'Aristonothos, céramiste grec au service des aristocrates de Caere, est particulièrement éloquent : l'artiste a représenté, d'une part, un combat naval entre un navire grec et un navire étrusque et, d'autre part, l'aveuglement de Polyphème par Ulysse et ses compagnons, métaphore de la lutte victorieuse des Etrusques sur l'hellénisme de Sicile.

Les rapports entre Grecs et Etrusques devaient se détériorer au VIe siècle avant J.-C. lorsque les

Etrusques et leurs alliés carthaginois s'opposèrent avec succès à l'installation des Phocéens en Corse grâce à leur victoire lors de la bataille navale d'Alalia (540 ou 535 avant J.-C.), puis tentèrent de s'emparer des îles Lipari et de contrôler les détroits siciliens.

Au ve siècle avant J.-C. s'amorce le déclin de la thalassocratie étrusque causé par une grave défaite navale au large de Cumes face à la flotte syracusaine en 474. Le soulagement des Grecs est très sensible dans le passage de la *Première Pythique* du poète lyrique grec Pindare, dédiée à Hiéron de Syracuse : « Je t'en supplie, consens, ô fils de Chronos, que le Phénicien demeure tranquille en sa demeure et que se taise le cri de guerre des Tyrrhéniens depuis qu'ils ont vu, devant Cumes, leur insolence pleurer la perte de leur flotte ! Ils savent ce qu'ils ont souffert quand le chef des Syracusains les a domptés et que, du haut de leurs vaisseaux rapides, il a jeté à la mer la fleur de leur jeunesse, arrachant ainsi la Grèce à la dure servitude. » Les Grecs d'Occident venaient en effet de battre leurs deux principaux adversaires : les Etrusques, mais aussi leurs alliés carthaginois, défaits par Gélon de Syracuse à la bataille d'Himère en 480.

La défaite navale de Cumes fut un coup très dur porté aux cités maritimes telles que Caere et Tarquinia. Elle ouvrit une période de repli marquée notamment par le ralentissement de l'activité commerciale. La thalassocratie étrusque ne put s'opposer à l'installation d'une garnison syracusaine dans l'île d'Ischia, ni empêcher les raids de pillage menés par ses ennemis au cœur même de son territoire, comme l'expédition contre l'île d'Elbe en 453. Les Etrusques tentèrent de prendre leur revanche en s'alliant avec Athènes et en participant à l'expédition désastreuse organisée par celle-ci contre Syracuse en 414. Un aristocrate de Tarquinia, peut-être Velthur Spurinna, prit alors la tête d'un corps expéditionnaire monté sur trois pentécontores, navires de guerre à cinquante rameurs qui cinglèrent jusqu'en Sicile. Il remporta, semble-t-il, quelques succès mineurs, comme le rapporte Thucydide : « La garde de cet endroit avait été confiée par les Athéniens aux Tyrséniens [c'est-à-dire aux Etrusques]. Ceux-ci, à la vue de l'ennemi qui arrivait en désordre, se précipitèrent à sa rencontre, tombèrent sur les premiers rangs des assaillants, les mirent en fuite et les repoussèrent jusqu'au marais. Les Athéniens dressèrent un trophée pour le succès remporté par les Tyrséniens[1]. » Mais ces derniers payèrent cette intervention lors du saccage par les Syracusains, en 384, du sanctuaire de Pyrgi situé sur la côte toscane.

A ce moment, la puissance de la thalassocratie étrusque n'était plus qu'un souvenir. Toutefois, le déclin concerna surtout les cités maritimes d'Etrurie du Sud. D'autres, en particulier celles de la vallée du Pô comme Spina, connurent au contraire, en compensation, un essor commercial considérable en empruntant de nouvelles routes maritimes en Adriatique. En Etrurie centrale, les villes de l'intérieur, à l'instar de Volsinies, Chiusi, Arezzo ou Pérouse, dont le territoire était constitué de riches terroirs agricoles, prirent alors la prépondérance.

Il existait aussi des voies commerciales terrestres. L'une des principales traversait les Alpes et permettait

1. Thucydide, *Histoire de la guerre du Péloponnèse*, VII, 53-54.

aux Etrusques de commercer avec les peuples celtiques. De nombreuses découvertes d'objets étrusques ont été faites dans les tombes princières de la Gaule intérieure, mais aussi de Suisse et d'Allemagne. Il s'agit d'objets en bronze (rasoirs, fibules, agrafes de ceintures), de pièces d'armement comme les épées dites « à antennes » fabriquées à Tarquinia, et de vaisselle de bronze ou de céramique étrusco-corinthienne. Des vases de *bucchero* ont été retrouvés en assez grand nombre dans le midi de la France, plus rarement au nord. Les échanges avec le monde celtique n'étaient d'ailleurs pas à sens unique. Il est vraisemblable que les routes commerciales terrestres qui ont permis la diffusion vers le nord de produits manufacturés étrusques suivaient le trajet du commerce de l'étain. Ce minerai, venu d'Angleterre, arrivait en Etrurie après avoir emprunté les vallées de la Seine et de la Saône et franchi les cols alpins.

On connaît assez mal le réseau routier étrusque, moins élaboré que celui que construiront ensuite les Romains, et non pavé, sauf aux abords immédiats des villes. Les ingénieurs étrusques savaient toutefois réaliser des travaux parfois spectaculaires pour écourter les distances : une des rares routes étrusques conservées, la « voie des Enfers » près de Cerveteri, est une excavation creusée dans le tuf. Ils construisaient aussi des ponts, dont le plus célèbre est le « ponte della Badia » qui reliait la ville de Vulci à sa nécropole en franchissant la rivière Fiora. Pour circuler, on empruntait des voitures à deux roues, couvertes d'une bâche demi-circulaire, le *carpentum,* dont plusieurs exemples figurent sur des cuves d'urnes cinéraires. Le réseau routier étrusque, qui reliait les grandes villes aux centres secondaires, répondait à des nécessités commerciales. Il sera transformé plus tard par les Romains, dont le souci était avant tout de créer des axes de pénétration vers de nouvelles régions à conquérir.

TROISIÈME PARTIE

UNE CIVILISATION RAFFINÉE

Du village à la cité-Etat

A l'époque préhistorique, plus précisément au cours du premier âge du fer (IXe siècle avant J.-C.), les Villanoviens habitaient dans des villages de cabanes disséminés sur l'ensemble de leur territoire. Au cours du VIIIe siècle avant J.-C., l'apparition progressive des cités par *synoecisme* fut l'un des principaux facteurs qui expliquent la naissance de la civilisation étrusque. Les Etrusques furent les premiers en Italie à se donner cette forme d'organisation que les autres peuples de la péninsule italienne imitèrent un peu plus tard.

La civilisation étrusque se trouva ainsi d'abord définie par son organisation en cités, caractéristique qui la rapprochait du monde grec.

Il y eut toutefois, au moins jusqu'au milieu du VIe siècle avant J.-C., un mode d'organisation de l'habitat concurrent à la cité. A la campagne, des palais où résidaient des dynastes locaux étaient entourés de vastes domaines agricoles. Leurs propriétaires possédaient des pouvoirs sacrés et militaires sur les populations environnantes. Les archéologues ont mis au jour les vestiges de deux de ces palais, à Acquarossa près de Viterbe et à Murlo près de Sienne. Ils comportaient une série de pièces entourant une cour centrale presque carrée. Des habitations disséminées ont été retrouvées autour du palais d'Acquarossa.

Les auteurs grecs évoquent l'existence en Etrurie d'une confédération ou ligue de douze peuples ou cités. D'après les chercheurs modernes, à la fin du VIIe siècle avant J.-C., ces douze cités auraient été Volsinies (Orvieto), Véies, Caere, Tarquinia, Vulci, Chiusi, Vetulonia, Volterra, Pérouse, Cortone, Arezzo et Fiesole. De la même manière, il aurait existé aussi une confédération de douze villes étrusques dans la plaine du Pô autour de Felsina (Bologne) et une autre en Campanie autour de Capoue.

Le lien principal qui unissait les cités de la ligue étrusque n'était pas politique mais religieux. Le sanctuaire du dieu Voltumna, situé sur le territoire de Volsinies, en était le centre névralgique. Tous les ans s'y déroulaient d'importantes cérémonies accompagnées de jeux rituels. Ces fêtes, qui rassemblaient les princes de toutes les cités, étaient présidées par un magistrat suprême élu, le *zilath mechl rasnal,* dont on ne sait si le rôle au sein de la confédération dépassait celui de simple président des jeux. Certains historiens pensent par ailleurs que le titre de *zilath mechl rasnal*, retrouvé dans la titulature de plusieurs seigneurs étrusques, pouvait exister dans toutes les cités où il désignait le magistrat le plus important.

Lors de ces festivités, on débattait des affaires de l'ensemble de la confédération. Mais les décisions prises en commun étaient rares : les villes étrusques menaient leur politique en toute indépendance, et leurs intérêts étaient souvent divergents. Elles n'eurent pas de scrupule à laisser la ville de Véies lutter seule contre Rome, et ne firent rien pour empêcher sa destruction en 396 avant J.-C. En l'absence d'unité politique entre les villes étrusques, la confédération des douze peuples ne constitua jamais un Etat.

Les rites de fondation des villes étrusques qui étaient très précis seront repris par les Romains. Les prêtres déterminaient l'orientation de la ville selon deux lignes qui se coupaient perpendiculairement, le *decumanus*, orienté est/ouest, et le *cardo*, orienté nord/sud. Le fondateur traçait ensuite les limites de la ville en creusant un sillon dont il rejetait la terre vers l'intérieur, au moyen d'un soc de bronze tiré par un attelage composé d'une génisse et d'un taureau blancs. Il soulevait le soc aux emplacements des portes qui étaient situées aux extrémités des voies principales. L'enceinte ainsi tracée était sacrée : nul n'avait le droit de la franchir sans y être autorisé.

Les villes étrusques étaient entourées de puissantes murailles en pierre de taille, surtout à partir du IVe siècle avant J.-C. Les portes monumentales percées dans ces murailles étaient surmontées d'arcs et ornées de statues. Certaines de ces enceintes pouvaient avoir plus de 10 kilomètres de circonférence et entouraient des superficies pouvant atteindre plus de 250 hectares à Véies, 240 à Volterra, 180 à Vulci, 150 à Caere et 135 à Tarquinia. Mais ces grandes villes comportaient toujours des espaces non bâtis et cultivés. Les plus petites cités comme Volsinies et beaucoup de centres secondaires de l'Etrurie intérieure avaient une superficie limitée par le site défensif qu'elles occupaient, sur un plateau de tuf ou un éperon rocheux. On peut encore se faire une idée aujourd'hui de l'aspect de ces petites villes fortifiées en visitant Pittiglione ou Civita de Bagnoreggio dans le Latium.

Il est très difficile d'établir le nombre d'habitants qu'abritaient ces villes. De savants calculs basés sur le nombre de décès fourni par les inscriptions funéraires des nécropoles ont permis à certains chercheurs d'avancer un chiffre d'environ vingt-cinq mille habitants pour une ville comme Caere au Ve siècle avant J.-C.

Les rites de fondation ne doivent pas laisser penser que les villes étrusques eurent toutes à l'origine un plan d'urbanisme bien défini. En réalité, les maisons étaient la plupart du temps disposées sans ordre précis, en fonction des contraintes du terrain, conséquence de leur localisation sur un site défensif. Les rituels de fondation ont principalement concerné des villes créées de toutes pièces sur un terrain plat dans un but de colonisation comme Marzabotto en Emilie, Spina dans le delta du Pô et sans doute Capoue. Pour ces dernières, le plan régulier en damier hérité en partie de l'urbanisme grec, mais répondant surtout à la conception étrusque d'une organisation de l'espace terrestre liée à celle du ciel, est bien attesté. Leur fondation est cependant assez tardive puisqu'elle ne remonte pour Marzabotto qu'au milieu du VIe siècle avant J.-C. Quant à Spina, son développement et sa prospérité ne datent que du début du Ve siècle. C'était une ville de lagune, construite comme Venise autour d'un grand canal central coupé à intervalles réguliers par des canaux plus petits. Le plan général de la ville était donc bien géométrique. Dans ces villes, où s'appliquaient les principes d'un urbanisme gréco-étrusque, les habitations étaient disposées suivant un quadrillage de rues en îlots de formes régulières que les spécialistes désignent du terme latin d'*insulae*.

Aujourd'hui, les maisons étrusques ont toutes disparu. Elles étaient construites avec des matériaux qui n'ont pas résisté au temps : brique ou mélange d'argile et de bois. Seuls ont subsisté quelques soubassements en pierre. Mais on en connaît assez bien la configuration grâce aux grandes tombes monumentales qui reproduisaient à peu près l'aménagement intérieur des maisons des vivants. Ainsi la chambre intérieure de la tombe des Boucliers de Cerveteri (milieu du VIe siècle avant J.-C.) évoque la pièce centrale d'une maison aristocratique avec des sièges et des boucliers sur les murs. En outre, quelques urnes cinéraires représentent des maisons, notamment celle de Poggio a Gaiella trouvée près de Chiusi qui montre l'aspect très saillant du toit couvrant la construction. Certaines tombes comme celle des Volumni près de Pérouse (seconde moitié du IIe siècle avant J.-C.) présentent des chambres funéraires disposées autour d'une grande pièce centrale. Il a été démontré que la maison romaine traditionnellc (*domus*) dérivait de modèles étrusques. C'est le cas à Pompéi, ancienne ville étrusque qui nous a livré des maisons presque intactes, conservées dans la cendre et la lave volcaniques. Ainsi, le plan de l'hypogée des Volumni est tout à fait comparable à celui de certaines maisons de Pompéi où les chambres ouvrent sur l'espace central de l'atrium, grande pièce en partie couverte par un plafond soutenu par des colonnes et agrémentée d'un bassin central qui recevait les eaux de pluie par une ouverture du toit. Plus tard, les Romains appelleront *tusca-*

nium (toscan) la forme d'atrium inspirée des cours intérieures étrusques.

La demeure des classes aisées était organisée autour d'un axe longitudinal. On accédait d'abord à l'atrium par un vestibule. Les autres pièces comme les chambres à coucher et les salles à manger donnaient sur cette pièce centrale, ainsi que le *tablinum*, bureau où le maître de maison recevait ses clients. Parfois, derrière la maison, se trouvait un jardin sur lequel donnait une salle à manger d'été. Ces bâtisses comportaient rarement un étage. Il est possible que le toit de certaines d'entre elles ait été plat et constituait une terrasse utilisée pendant la saison chaude.

La tombe dite des Reliefs à Cerveteri (milieu du IVe siècle avant J.-C.) offre un aperçu de la décoration intérieure de ces maisons patriciennes. Deux gros piliers à chapiteaux éoliens supportent le plafond. De nombreux objets de la vie quotidienne (outils, rouleaux de corde, ustensiles de cuisine, récipients) sont sculptés en relief de stuc sur les murs et les piliers de la tombe, comme s'ils y étaient accrochés. La présence de nombreuses armes parmi ces objets laisse penser que la famille des Matuna, propriétaire de la tombe, devait avoir pratiqué le métier militaire. Sur un coffre, peut-être destiné à contenir les archives de la famille, avait été posé, soigneusement plié, un livre de lin, ce qui signifie probablement que le principal occupant de la tombe était un haruspice. Au XIXe siècle, Adolphe Noël des Vergers se félicita de l'existence de cette décoration dans la tombe des Reliefs : « L'ouverture d'un hypogée, où les objets sont à la fois exprimés par le relief et la peinture, a été pour la connaissance de la vie intime des Etrusques une heureuse découverte. Ainsi reproduit sous leurs formes exactes et avec leurs propres couleurs, ces objets ont l'avantage de ne pouvoir être dispersés dans les musées d'Europe.[1] »

Il est beaucoup plus difficile de se faire une idée de l'habitat des classes populaires. Certains domestiques de condition servile devaient être logés dans des pièces qui leur étaient réservées dans les maisons des maîtres. Mais Posidonios affirme que « chez les Etrusques, la plupart des hommes libres et certains esclaves ont toutes sortes de maisons particulières ». A Marzabotto, les maisons des *insulae* étaient constituées de boutiques et de pièces d'habitation assez petites regroupées autour d'une cour : il s'agit sans doute d'une forme d'habitat plus populaire qui abritait des artisans ou des petits commerçants.

Au cours de la seconde moitié du VIe siècle avant J.-C., la cité devint le cœur de l'autorité politique et de l'activité économique. Les centres aristocratiques secondaires situés à la campagne disparurent, parfois brutalement : des traces de destruction volontaire ont été trouvées sur le site du palais de Murlo qui fut probablement saccagé par l'armée d'une cité voisine, peut-être Chiusi.

A partir de cette date, la cité est devenue le pôle d'attraction fondamental de la société étrusque ; elle se conforme ainsi au modèle grec de la *polis*, ce qui montre le lien étroit qui existait entre les deux civilisations.

---

1. *L'Etrurie et les Etrusques, dix ans de fouilles dans les Maremmes toscanes, op. cit.*

La société étrusque

Les principaux témoignages sur la société étrusque proviennent de sources grecques ou latines et se rapportent à une période déjà tardive. Au milieu du VIIIe siècle avant J.-C. émergea une classe aristocratique enrichie par le commerce et l'agriculture. Autour de ces familles aristocratiques qui détenaient le pouvoir gravitaient des clientèles formées de citadins qui obtenaient protection en échange d'obligations militaires et économiques. Elles entretenaient par ailleurs une importante population de domestiques de toutes sortes, certainement de condition servile. On désigne du terme de *gentes* l'ensemble formé par ces familles et les personnes qui leur étaient attachées. Ces *gentes*, unies par des intérêts politiques et économiques, se reconnaissaient des ancêtres communs.

Les *gentes* étaient dirigées par un chef de famille *(caput gentis)* qui avait également un rôle religieux dans la mesure où il était le garant du culte des ancêtres de la *gens*. Au cours du VIIe siècle, cette organisation s'affermit avec le développement de l'importance des cités et l'ouverture de plus en plus grande des échanges commerciaux, notamment maritimes. Au fur et à mesure que les relations commerciales à l'intérieur et à l'extérieur du monde étrusque s'intensifiaient, de nouveaux groupes de commerçants accédèrent au niveau de l'ancienne aristocratie avec laquelle ils constituèrent un groupe « gentilice » plus vaste. C'est au sein de ces *gentes* que furent choisis les rois qui gouvernèrent les cités étrusques pendant la période orientalisante. Les auteurs latins désignaient ces rois sous le nom de *lucumon,* transcription de l'étrusque *lauchume.* Pour D. Briquel, toutefois, « il est douteux que les rois étrusques aient jamais porté le titre de *lucumon* que leur attribue la tradition latine. Celle-ci a sans doute extrapolé à partir du nom étrusque Lucumon qu'aurait porté le futur roi Tarquin l'Ancien avant son arrivée à Rome[1] ». Le terme de *lucumon,* que l'on retrouve sur plusieurs inscriptions, aurait donc été, ou plutôt serait devenu un nom propre. Quel que soit le terme dont ils étaient désignés, ces rois, à l'instar des *basileus* grecs, concentraient entre leurs mains tous les pouvoirs. Ils étaient à la fois magistrats suprêmes, chefs de guerre et chefs religieux. Les insignes de leur pouvoir, qui ont tous été conservés par les Romains, étaient la couronne d'or, le sceptre, le trône d'ivoire et le manteau de pourpre. Ce sont ces attributs qui marquent la qualité du « roi » (ou du héros mythique) figuré sur une des plaques Campana du musée du Louvre (VIe siècle avant J.-C.). Les rois étaient accompagnés de licteurs, sorte de gardes d'honneur, qui portaient sur l'épaule une hache parfois bipenne entourée de verges, le faisceau[2]. Un modèle réduit de cet objet a été retrouvé dans une tombe de Vetulonia. Tite-Live considérait que les douze licteurs qui accompagnaient les consuls romains étaient un héritage étrusque et que le chiffre de douze correspondait aux douze cités d'Etrurie.

Les esclaves formaient une part importante de la population des villes étrusques. La majorité d'entre

1. *Les Etrusques, peuple de la différence, op. cit.*

2. Le faisceau deviendra après la Première Guerre mondiale le symbole du parti fascite italien de Mussolini.

eux était occupée aux travaux domestiques : cuisiniers, échansons et serviteurs assuraient le fonctionnement de la maison et le service des banquets. D'autres esclaves avaient pour rôle de divertir leurs maîtres : ils étaient alors danseurs, musiciens, acrobates et même athlètes. Tous figurent en grand nombre sur les peintures des tombes et contribuent à renforcer l'impression d'une vie aristocratique luxueuse. Mais les conditions de vie des esclaves travaillant dans les carrières, dans les mines de fer et de cuivre et dans les ateliers métallurgiques qui faisaient la richesse de l'Etrurie devaient être très pénibles.

Au cours de la seconde moitié du VIe siècle se développa dans les cités étrusques une classe moyenne constituée d'artisans et de commerçants de moindre importance, comme en atteste la construction dans les nécropoles de tombes plus modestes constituées seulement d'une ou deux chambres funéraires, groupées en blocs séparés par des rues se coupant à angle droit. Ces tombes dites « à dé » sont visibles dans la nécropole de Cerveteri, ou dans celle de Crocifisso del Tufo à Orvieto, l'antique Volsinies. Cette évolution de la société étrusque, caractérisée par l'apparition d'une classe moyenne de citoyens libres ainsi que par l'intégration dans la cité d'un certain nombre de commerçants ou d'artisans étrangers, grecs, celtes ou italiques, a probablement eu des conséquences politiques. Les monarchies de l'époque précédente furent alors remplacées par des régimes républicains inspirés du modèle grec. Ce fut le cas à Rome, où la chute de la monarchie des Tarquins fut suivie par l'établissement d'une république dont les premiers consuls furent des Etrusques. Il est difficile de dater le phénomène avec précision. Si l'on se réfère à l'exemple de Rome, il faut le situer au plus tôt à la fin du VIe siècle avant J.-C. Le pouvoir resta toutefois concentré entre les mains des aristocrates, qui exercèrent les premières magistratures républicaines. Il s'agissait de républiques oligarchiques, dont le gouvernement était confié à des magistrats élus pour un temps limité. On connaît le nom étrusque de deux de ces magistratures : *maru* et *zilath*, sans savoir à quoi elles correspondaient. Il semble qu'une carrière politique s'ouvrait en exerçant la charge de *maru*, et s'achevait par celle de *zilath*, manifestement la plus élevée des fonctions politiques étrusques. Etait-ce l'équivalent de consul ou de préteur ? Il est difficile de trancher. Certains *zilath* donnaient néanmoins leur nom à l'année au cours de laquelle ils portaient ce titre qui était donc éponyme, comme pour les consuls romains. On n'a guère de renseignements sur d'éventuelles magistratures intermédiaires, à moins qu'il n'y ait eu plusieurs sortes de *maru* et de *zilath* placés à différents niveaux de la carrière politique. Dans ce régime, les aristocrates formaient une assemblée de *principes* détenant des pouvoirs législatifs et judiciaires, certainement semblable au Sénat romain.

Parfois surgissaient des personnages qui s'emparaient du pouvoir par la force et, s'appuyant sur les classes populaires, permettaient ainsi à des groupes non aristocratiques d'accéder au pouvoir. Ces tyrans, ainsi appelés par analogie avec ceux du monde grec, sont attestés à la tête de certaines cités étrusques à différents moments de leur histoire. Ainsi à Caere, où le « roi » Thefarie Velianas nous est connu par la dédicace du sanctuaire qu'il consacra à Astarté (Uni) gravée sur une des tablettes de Pyrgi et à Rome où

Servius Tullius, dont le nom étrusque était en réalité Macstrna, était un ancien chef de guerre devenu « roi » après des aventures rocambolesques dont le détail nous est mal connu. On peut même considérer que le roi de Chiusi, Porsenna, fut en fait un tyran, en dépit du terme de *rex* dont l'historiographie romaine le qualifie[1]. Ces tyrans s'étaient parfois donnés le titre de *zilath* qui correspondait pourtant à une magistrature républicaine.

La présence d'un tyran, Lars Tolumnius, à Véies au moment des guerres contre Rome du milieu du Ve siècle fut apparemment une source de désaccord entre cette ville et les aristocrates républicains des autres cités étrusques. Ceux-ci se méfiaient en effet d'un personnage soutenu par les classes populaires et refusèrent d'apporter l'aide militaire de la confédération à la ville menacée, qui était venue tardivement à une forme de gouvernement qu'ils désapprouvaient.

Le pouvoir des familles aristocratiques citadines reposait en outre sur la possession de vastes domaines agricoles (*latifundia*) dans les campagnes environnant la ville. Sur ces grandes propriétés aristocratiques travaillaient des paysans qui étaient majoritairement des esclaves.

Dans les campagnes ont certainement existé, à côté des grandes propriétés, de petites exploitations occupées par des paysans libres. Cette classe de petits propriétaires finit par connaître dès le IIIe siècle avant J.-C. une crise économique qui en obligea beaucoup à gagner les villes où ils formèrent un prolétariat plutôt

---

1. J.-R. Jannot, *A la rencontre des Etrusques*, Rennes, éditions Ouest-France, 1987.

misérable. L'existence de ce prolétariat explique en partie le développement des luttes sociales dans les villes étrusques à partir de cette époque et le ralliement final des aristocrates à l'alliance romaine. Quant aux campagnes, désormais presque entièrement gérées par les grands domaines, elles se dépeupleront peu à peu. Le magistrat romain Tiberius Gracchus, parcourant l'Etrurie dans la seconde moitié du IIe siècle, constata ce dépeuplement et eut ainsi l'idée de sa réforme agraire qui devait permettre de distribuer des terres aux paysans pauvres, mais qui n'aboutit pas.

En Etrurie, comme à Rome, vivaient enfin des affranchis, esclaves émancipés par leurs maîtres, qui conservaient vis-à-vis de ceux-ci certaines obligations mais pouvaient faire leur chemin, atteindre un niveau social assez élevé et épouser des hommes ou des femmes libres. Le terme étrusque pour désigner les affranchis, *lautni,* correspondait ainsi au mot latin *libertus*.

Des femmes émancipées

La place de la femme dans la société étrusque était bien distincte de celle qu'elle occupait à la même époque dans le monde grec ou romain. Cette singularité, qui constitue aujourd'hui l'une des composantes de cette « différence étrusque » définie par Dominique Briquel, était bien connue dès l'Antiquité. Les auteurs anciens se montraient ainsi fort surpris par la présence des dames de la noblesse étrusque dans les banquets en compagnie de leurs époux ou lors des jeux. C'est ce que représentent les fresques des tombes et les couvercles de sarcophages où la femme est allongée au côté de l'homme. Jamais une femme grecque de bonne réputation n'aurait participé aux festins des hommes : les femmes qui s'y trouvaient éventuellement étaient des courtisanes. Quant à la matrone romaine, elle se devait aussi d'avoir un comportement et une attitude réservés et son rôle se limitait à faire fonctionner la maisonnée. Les femmes grecques et romaines étaient donc pour l'essentiel des maîtresses de maison alors que la femme étrusque jouissait d'une liberté et d'un statut beaucoup plus importants.

Certains auteurs comme Théopompe, orateur et historien grec du IVe siècle avant J.-C., ont poussé très loin la critique de la société tyrrhénienne en affirmant que les femmes y avaient des mœurs dépravées, caractérisées par une grande liberté sexuelle, en particulier quand elles participaient aux banquets. Ce libertinage produisait selon lui des naissances d'enfants dont on ne savait pas avec certitude qui était le père. Ces affirmations, difficilement vérifiables, ne sont pas considérées comme sérieuses par les spécialistes actuels : la famille étrusque restait fondée sur la monogamie comme c'était le cas dans les autres sociétés italiennes contemporaines. D'ailleurs, les représentations érotiques sont assez rares dans l'art étrusque : il en existe dans quelques tombes de Tarquinia, notamment celle des Taureaux.

L'étude des inscriptions funéraires a révélé que les femmes étrusques bénéficiaient en propre d'un nom complet, constitué d'un prénom et d'un nom de famille, alors que chez les Romains les femmes n'étaient identifiées que par la féminisation du nom de la *gens* à laquelle elles appartenaient. En outre, sont fréquentes les inscriptions funéraires figurant le nom du père (patronyme) et celui de la mère du défunt (matronyme), ce qui prouve que la lignée maternelle avait autant d'importance que celle du père.

L'homme est le plus souvent seul propriétaire des sépultures. Les inscriptions de la nécropole d'Orvieto indiquent pour moins de 5 % qu'elles appartiennent à une femme. En revanche, beaucoup d'objets comportent une inscription attestant une propriété féminine. Il est vraisemblable que la femme noble savait lire et écrire comme les hommes. Cette importance de la place de la femme dans la société a conduit un peu rapidement certains auteurs à imaginer un matriarcat étrusque, mais cette théorie est aujourd'hui abandonnée. L'historien Jean-Paul Thuillier a joliment résumé cette originalité des femmes étrusques par rapport à leurs contemporaines romaines ou grecques : « Les femmes étrusques savaient être les gardiennes du foyer et encadrer la foule des domestiques et des servantes. Simplement, elles ne se contentaient pas, comme Pénélope et Andromaque, d'attendre patiemment à la maison le retour de l'époux, mais elles prenaient aussi leur part légitime à tous les plaisirs de la vie[1]. » Ces femmes de l'aristocratie ne laissaient pas à leurs compagnons le monopole du luxe et de la joie de vivre.

Le goût du luxe

Un témoignage intéressant et, semble-t-il, objectif sur la société étrusque nous est fourni par Posidonios d'Apamée. Ses propos nous ont été transmis par Diodore de Sicile qui vivait à l'époque de Jules César.

1. J.-P. Thuillier, *Les Etrusques, histoire d'un peuple*, Paris, A. Colin, 2003.

Dans son récit, Posidonios souligne le raffinement des mœurs étrusques tout en déplorant la mollesse qui en résultait à son époque. Voici la description qu'il en fait : « Les Etrusques, qui se distinguaient jadis par leur énergie, conquirent un territoire sur lequel ils fondèrent un grand nombre de villes importantes. Ils inventèrent dans la construction des maisons le péristyle qui est très commode pour atténuer le bruit provoqué par la foule des domestiques. Ils se font préparer deux fois par jour des tables somptueuses, comportant tout ce qui peut contribuer à une vie raffinée, comme les nappes ornées de fleurs et les vases d'argent, et ils se font servir par une nuée d'esclaves. Quelques-uns d'entre eux sont d'une rare beauté et beaucoup sont habillés de vêtements plus riches qu'il ne conviendrait à leur statut servile. Les domestiques possèdent des demeures particulières de toutes sortes, comme il est de coutume pour les hommes libres. Ils ont perdu en général la vigueur pour laquelle ils étaient célèbres dans les temps anciens et, à force de banquets et de plaisirs efféminés, ils n'ont plus la réputation qu'ils possédaient comme guerriers, ce qui n'est pas étonnant. Mais ce qui les a conduits plus que tout à la mollesse, c'est la qualité de leur territoire dans la mesure où, habitant un pays qui bénéficie d'une fertilité illimitée pour toutes sortes de productions, ils peuvent mettre de côté des produits abondants de tous genres[1]. »

Les exemples de cette existence aristocratique caractérisée par la joie de vivre abondent dans les tombes du VIe et du Ve siècle avant J.-C. : les peintures dont elles sont décorées nous donnent un aperçu des divertisse-

1. Diodore de Sicile, V, 40.

ments des seigneurs étrusques qui s'entouraient d'objets coûteux importés de Grèce et d'Orient ou fabriqués par les artisans locaux. L'usage de riches tissus pour l'ameublement ou le costume est aussi un élément de la vie luxueuse des aristocrates étrusques. Les plus beaux tissus ornaient les tables et recouvraient les lits de banquet, abondamment garnis de coussins pour les rendre confortables. Quant au costume, les statues et les peintures des tombes nous permettent de nous en faire une idée assez précise pour l'époque archaïque, où, bien qu'influencé par la mode ionienne, il est beaucoup plus original qu'aux périodes postérieures, lorsqu'il ne se distinguera plus guère du costume gréco-romain. Le manteau ou *tebenna* était par exemple court à l'origine. Le « roi » qui figure sur la plaque Campana en porte un, de couleur pourpre et brodé sur les bords. Fabriqué en étoffe de laine assez lourde, il était surtout porté en hiver. Les hommes le passaient par-dessus une tunique plus ou moins longue (certaines pouvaient descendre jusqu'au mollet). Le *tebenna* s'allongera par la suite pour devenir la toge de type romain, comme celle portée par l'*Arringatore* (l'Orateur) Aule Meteli au tout début du Ier siècle avant notre ère. L'été, en privé, les hommes s'habillaient légèrement d'un pagne et d'une simple tunique, ou restaient torse nu. Les femmes portaient des *chiton,* sortes de tuniques longues qui arrivaient aux chevilles, des jupes amples, des corsages et des manteaux. Ces vêtements étaient de couleurs vives et souvent brodés. Quant aux belles et riches tenues de certaines danseuses des tombes de l'époque archaïque, ce sont des costumes de cérémonie ou de théâtre dont les modèles remontaient à des époques plus anciennes encore.

Certains modèles de chaussures étaient très caractéristiques : appelées *calcei repandi* (littéralement : chaussures recourbées) par les Romains, elles furent décrites par Cicéron comme typiquement étrusques[1], même si l'on pense aujourd'hui que la mode en était venue d'Orient. Montant au-dessus des chevilles et recourbées aux extrémités, elles évoquent les chaussures « à la poulaine » du Moyen Age. On en voit aux pieds des hommes et des femmes du sarcophage des Epoux, des plaques Campana et des fresques de la tombe des Augures. Il existait aussi des bottines fermées par des lacets que les Romains des classes supérieures porteront par la suite, d'où leur nom de *calcei patricii* (chaussures patriciennes). L'été, on mettait des sandales de toutes sortes, à semelles plus ou moins épaisses. La femme du sarcophage des Epoux et les spectatrices de la tombe des Biges portent en outre un chapeau, ou plutôt un bonnet de forme demi-circulaire, *le tutulus,* dont l'origine est sans doute ionienne.

Les plaisirs aristocratiques

Les riches Etrusques organisaient des banquets, des jeux athlétiques, des courses de chars et des parties de chasse, manifestations emblématiques de leur opulence et de leur supériorité sociale.

Les banquets décrits par Diodore comptaient parmi les éléments fondamentaux du mode de vie aristocratique étrusque, ainsi que les *symposia*, réunions d'hommes où l'on buvait du vin tout en discutant. Les

1. Cicéron, *De natura deorum*, I, 82.

banquets étaient accompagnés de musique et de danses. Les Etrusques avaient la réputation d'être d'excellents musiciens, très créatifs dans ce domaine. Les Romains feront régulièrement venir d'Etrurie des joueurs de flûte pour accompagner les sacrifices. On voit ainsi sur les fresques des tombes ou les reliefs sculptés des joueurs d'instruments comme la flûte double, la lyre ou la cithare, le tambourin et la trompette. La danse avait aussi une signification rituelle, en particulier au moment des funérailles. On peut admirer les attitudes très gracieuses des danseurs, hommes et femmes, dans la tombe du Triclinium ou celle des Lionnes de la nécropole de Tarquinia. Les bonds de ces danseurs, accompagnés de martèlements du sol, devaient transmettre des vibrations jusque dans les profondeurs de la terre où résidaient les divinités infernales.

Chaque année, les jeux fédéraux qui se déroulaient sur le site du sanctuaire fédéral du *fanum* Voltumnae semblent avoir été particulièrement fastueux. Les athlètes venaient de toutes les régions d'Etrurie, conduits par les princes les plus importants. Les jeux comportaient des épreuves telles que le lancer du disque ou du javelot, la lutte, le pugilat (ancêtre de la boxe), le saut en hauteur et la course à pied. Les courses de chars tirés par deux ou trois chevaux (les *biges* ou les *triges*) préfigurent celles que les Romains organiseront plus tard. Il existait aussi des courses de chevaux montés. La célèbre course du Palio organisée deux fois par an à Sienne en dérive certainement.

Le décor de la tombe « del Colle » de Chiusi nous montre des *biges* en compétition. A Tarquinia, les peintures de la tombe dite « des Biges » représentent les spectateurs, parmi lesquels se trouvent des femmes, contemplant la course depuis des tribunes. Dans la tombe des Olympiades nous assistons à un accident de course : un char se renverse et l'aurige (le cocher) est projeté en l'air. La passion des Etrusques pour ces sports et ces jeux ne devait pas être moindre que celle dont témoigneront ensuite les Romains : les Etrusques n'avaient-ils pas construit le Grand Cirque de Rome ?

Les Etrusques organisaient des combats de gladiateurs qui avaient une connotation rituelle et funéraire. Parmi ces jeux, d'une indiscutable cruauté, et dont nous possédons des représentations sur les fresques des tombes, figure celui du *phersu*, ainsi appelé du nom de l'un de ses protagonistes : un homme presque nu dont la tête était recouverte d'un sac, armé d'une massue, combattait un molosse tenu en laisse par le *phersu*, personnage vêtu d'une tunique multicolore et affublé d'un masque barbu. L'homme à la massue était peut-être un condamné à mort qui obtiendrait sa grâce au cas où il réussirait à assommer le molosse. Le terme de *phersu*, passé au latin, a donné celui de *persunna* ou *persona* qui désigna d'abord un masque de théâtre puis l'acteur qui le portait, avant de se traduire dans notre langue par « personne » au sens de personnage.

La qualité de vie dont bénéficiaient les *principes* étrusques explique que ceux-ci aient tout mis en œuvre pour défendre leurs privilèges face aux revendications des classes moins favorisées de la société. Ce conservatisme n'a toutefois pas empêché la disparition de leur civilisation, même lorsque les classes dirigeantes tentèrent de s'allier avec Rome pour écraser les révoltes sociales. Les derniers siècles de l'histoire étrusque sont pleins de ces luttes civiles cruelles, qui expliquent selon certains auteurs la récurrence du thème iconographique des Sept contre Thèbes, métaphore de leurs luttes fratricides et tragiques pour les cités toscanes.

QUATRIÈME PARTIE

UN PEUPLE TRÈS RELIGIEUX

Les Etrusques ont écrit de nombreux livres consacrés aux pratiques religieuses et divinatoires, aux rites et à l'organisation du cosmos. Ces œuvres ont malheureusement disparu, mais nous connaissons leur existence par les auteurs antiques. Tite-Live, Cicéron, Sénèque, Pline l'Ancien, Tacite ou Arnobe, un écrivain latin du IIIe siècle de notre ère, les évoquent assez souvent. D'après eux, il fallait distinguer les livres de l'haruspicine, science divinatoire consacrée à la lecture de présages à partir de l'examen des entrailles d'animaux sacrifiés, les livres des foudres qui servaient à reconnaître et à interpréter les différents types de foudres, les livres rituels avec les prescriptions à observer dans tous les domaines de la vie civile et religieuse, les livres du destin, les livres « achérontiques » qui traitaient de l'au-delà, et enfin les livres des prodiges. L'ensemble de ces rites et de ces prescriptions qui permettaient de réglementer les rapports entre les dieux et les hommes était appelé par les Romains la « discipline étrusque ». Sa vocation première était de sonder la volonté divine à partir des signes envoyés par les dieux : foudres, coups de tonnerre, état des entrailles des animaux sacrifiés, vol des oiseaux, phénomènes prodigieux, signes célestes.

Tagès, Vegoia et Voltumna

Le caractère original de cette « religion du livre[1] » résidait dans le fait qu'elle avait été révélée aux hommes par des personnages divins : Tagès, un enfant à la sagesse de vieillard, et une nymphe du nom de Vegoia.

Le récit de l'apparition de Tagès est fait par Cicéron dans son *De divinatione* : « Les Etrusques racontent que, sur le territoire de Tarquinia, alors qu'on labourait la terre et qu'un sillon s'était creusé plus profondément que les autres, en sortit un certain Tagès qui parla à celui qui labourait. Ce Tagès avait, selon les livres étrusques, l'aspect d'un enfant et la sagesse d'un vieillard. Le paysan s'étant étonné à sa vue, et ayant poussé un grand cri de surprise, il se fit un grand mouvement de foule et en peu de temps, l'Etrurie tout entière se trouva rassemblée en ce lieu ; alors Tagès parla longtemps devant un grand nombre d'auditeurs, afin qu'ils apprissent et confiassent à l'écriture toutes ses paroles. Son discours porta tout entier sur l'enseignement de l'haruspicine. »

Personnage imaginaire, la nymphe Vegoia aurait, elle, enseigné aux Etrusques l'art d'interpréter les foudres, mais surtout les rites liés à la délimitation des propriétés et des territoires. Ses préceptes étaient rassemblés dans le *Liber Vegoia*, aujourd'hui perdu. Tarquitius Priscus, historien romain du Iᵉʳ siècle après J.-C., en rapporte le fragment suivant : « Sache que la mer a été séparée du ciel. Or lorsque Jupiter eut revendiqué la terre d'Etrurie, il établit et ordonna que les plaines

1. A. Hus, *Les Etrusques et leur destin*, Paris, Picard, 1980.

fussent arpentées et les champs délimités. Connaissant l'humaine avarice et les passions qu'excite la terre, il voulut que tout fût défini par des bornes. Si un jour, faisant fi des biens qui lui ont été accordés et convoitant ceux d'autrui, quelqu'un violait ces bornes, les toucherait ou les déplacerait pour étendre ses propriétés et diminuer celle des autres, il serait, pour ce crime, condamné par les dieux. » Le principe de borner précisément les propriétés fut repris par les Romains. Ces limites étaient posées par les prêtres au cours de cérémonies rituelles, et considérées comme sacrées. Le déplacement volontaire de ces bornes dans un but de spoliation était passible de la peine de mort.

Les Etrusques avaient la réputation d'être « les plus religieux des hommes ». Les auteurs grecs et latins nous ont livré de nombreux éléments sur leurs pratiques et leurs croyances. La stricte observance des rites nécessaires à la satisfaction des dieux avait une importance particulièrement grande pour eux. Bien entendu, cette réputation s'appuie aussi sur le fait que les prêtres et les devins étrusques étaient considérés dans le monde antique, et surtout en Italie, comme les meilleurs spécialistes pour interpréter les présages et deviner les intentions des dieux. Certains auteurs latins affirmaient que le terme de *caerimoniae*, qui signifie cérémonies, venait du nom de la ville de Caere. Les influences étrusques sur la religion romaine furent à cet égard décisives, en particulier dans le domaine de la divination. La littérature romaine fourmille de récits d'interventions de devins étrusques, haruspices et augures, lesquels étaient rassemblés en collèges et appartenaient aux classes aristocratiques. Les prêtres étrusques pouvaient en effet interpréter les prodiges, comme la foudre frappant des statues, des naissances monstrueuses, l'apparition de météores, des tremblements de terre ou des pluies de sang. Lorsque ces phénomènes anormaux ou inquiétants survenaient, les Romains avaient coutume de faire venir des haruspices étrusques pour les interpréter.

Cicéron rapporte que, sous le consulat de Torquatus et de Cotta, la foudre avait détruit à Rome des statues de divinités et d'ancêtres. On fit alors venir des haruspices de toute l'Etrurie afin qu'ils interprètent ces signes et prescrivent des mesures pour apaiser les dieux. Tite-Live raconte que la foudre tomba un jour sur la statue de Junon Reine sur l'Aventin. Les haruspices consultés firent savoir que les dames romaines devaient offrir une somme d'argent prise sur leur dot afin de faire fabriquer un bassin d'or qui fût placé en offrande dans le temple de la déesse.

Les haruspices sondaient les intentions des divinités en examinant l'état des entrailles des animaux sacrifiés, en particulier le foie, qui était pour les Etrusques le siège de la vie. Selon eux, on pouvait y déceler des tendances favorables ou défavorables dans la mesure où il reflétait l'état du monde au moment où l'animal avait été abattu. Pour les Etrusques, en effet, l'organisation du monde était la même que celle des êtres vivants qui le peuplaient : « Dans la mentalité étrusque, primitive et moniste, le monde constitue un tout[1]. »

Le musée de Plaisance en Emilie possède un étonnant modèle de foie en bronze de la fin du IIe siècle avant J.-C. probablement employé pour l'enseignement de l'haruspicine, ou servant de référence pour la lecture des présages dans le foie des animaux. Il est divisé en plusieurs compartiments où sont inscrits des

1. J.-R. Jannot, *A la rencontre des Etrusques*, *op. cit.*

noms de dieux. Chacune de ces parties du foie était considérée comme le siège d'une divinité.

Sur le couvercle d'une urne cinéraire de Volterra datant du IIe siècle avant J.-C., un personnage du nom d'Aule Lecu tient dans sa main un foie de mouton. Ceci indique sans aucun doute qu'il exerçait l'activité d'haruspice. Plusieurs statuettes votives nous montrent des haruspices étrusques portant un manteau à franges fermé par une fibule (ils n'avaient pas le droit d'utiliser des nœuds ou des lacets) et coiffés d'un chapeau conique. Deux personnages vêtus d'une longue tunique blanche recouverte d'un manteau noir font un geste d'affliction et de dévotion (ou de bénédiction ?) de part et d'autre d'une porte de tombe peinte sur la paroi de la tombe des Augures de Tarquinia : ce sont aussi vraisemblablement des prêtres.

Parmi les autres moyens divinatoires figurait l'interprétation du vol des oiseaux. Les spécialistes de cette science étaient appelés augures par les Romains. En guise d'insigne distinctif, ils tenaient à la main un bâton à l'extrémité recourbée, le *lituus,* dont un exemplaire en bronze a été retrouvé dans une tombe de Caere du VIe siècle avant J.-C. A cette époque, le *lituus* était encore le symbole du pouvoir politique et militaire du roi. Ces deux pouvoirs n'étaient alors pas distincts du religieux. Il est possible que la crosse des évêques chrétiens, symbole de leur autorité spirituelle sur les fidèles, dérive de cet attribut antique.

Cependant, le signe le plus évident de la volonté divine était la foudre. A travers elle, c'est le dieu Tinia (équivalent du Zeus des Grecs) qui s'exprimait. Il pouvait lancer trois sortes de foudre dont la gravité sur le destin des hommes était croissante. Sous sa forme la plus grave, Tinia ne pouvait utiliser la foudre qu'après avoir consulté l'assemblée des dieux les plus importants, les douze *dei consentes*. Là encore, les prêtres étrusques étaient considérés comme extrêmement compétents pour interpréter ce signe divin. L'espace céleste était divisé en quatre secteurs précis orientés sur les quatre points cardinaux. Chacun de ces secteurs était lui-même divisé en quatre parties à l'intérieur desquelles résidait une divinité. Les divinités infernales occupaient le quart nord-ouest. L'est, où se lève le soleil, était considéré comme favorable, alors que l'ouest ne l'était pas. La signification de la foudre était fournie par son origine et par la direction qu'elle avait prise dans l'espace céleste ainsi défini. La même interprétation existait pour le vol des oiseaux.

Tout porte à croire que les préceptes de la discipline étrusque furent repris par les Romains au point de faire partie intégrante de leurs pratiques religieuses. Ce qui est certain, c'est que des haruspices ou des augures toscans furent encore consultés bien après la disparition de la civilisation étrusque. Jusqu'à l'époque impériale, nombre d'haruspices d'ascendance étrusque désormais romanisés appartenaient à la classe des chevaliers. Certains étaient attachés à de grands personnages. Ainsi, Jules César faisait appel aux services du devin Caius Spurinna, qui tenta sans succès de l'empêcher de se rendre au Sénat le jour funeste des ides de mars 44 avant J.-C. Après la création par Claude de l'ordre des soixante haruspices, les devins toscans accompagnaient fréquemment les armées romaines pendant leurs campagnes : on prenait leur avis avant d'engager le combat. Cette coutume dura fort longtemps puisque plusieurs d'entre eux étaient encore présents lors de l'expédition de l'empereur Julien l'Apostat en Perse en 363 après J.-C. L'historien

Ammien Marcellin rapporte qu'ils prédirent la mort de l'empereur et l'échec de son expédition[1].

Les dieux étrusques, comme les dieux grecs et romains, étaient nombreux. On sait, grâce à une anecdote rapportée par Suétone, que le mot « dieu » se disait *aesar* en étrusque. La foudre ayant frappé le socle d'une statue de l'empereur Auguste effaça un jour la lettre C du mot CAESAR : « Les devins déclarèrent qu'il [l'empereur] ne vivrait plus que cent jours, nombre marqué par la lettre C [cent en chiffres romains] et qu'il serait mis au rang des dieux, car le mot *aesar* formé par les autres lettres du nom de Caesar signifie dieu en langue étrusque[2]. » Ce mot apparaît d'ailleurs sous une forme archaïque, *aisar*, dans le texte du *liber linteus* de Zagreb.

Outre le dieu Tinia, il faut citer sa compagne Uni qui correspond à Héra et Menerva, déesse guerrière semblable à la Minerve romaine. Ces trois divinités constituaient la triade suprême. Venaient ensuite Turan, déesse de l'amour, Turms (Hermès), Culsans (Janus), Sethlans (Vulcain), Aita, dieu des Enfers, Laran (ou Maris), dieu de la guerre, Fufluns (Dionysos), dieu du vin, et Nethuns (Neptune), dieu de la mer. Sous l'influence grandissante de la mythologie grecque apparurent un peu plus tard dans le panthéon étrusque des divinités comme Hercle (Hercule), Aritimi (Artémis) et Apulu (Apollon).

La divinité majeure de la religion étrusque était Voltumna (Vertumnus en latin), le dieu de la végétation et des forces de la nature. Il était vénéré en particulier à Volsinies. Son sanctuaire, le *fanum* Voltumnae, était le

1. Ammien Marcellin, *Histoire*, XXIII, 5, 8.
2. Suétone, *Vies des douze Césars* (*Auguste*, 97).

théâtre de cérémonies et de jeux qui accompagnaient la tenue des assemblées annuelles de la confédération étrusque. Il était le dieu toscan par excellence, si l'on en croit le poète latin Properce qui lui fait dire : « *Tuscus ego et Tuscis orior* », c'est-à-dire : « Je suis Toscan et sorti de Toscane. » L'importance de Voltumna a conduit certains chercheurs à l'assimiler à Tinia dans une version agreste plus juvénile et plus naturaliste de cette divinité. Le dieu suprême aurait donc été Tinia-Voltumna, lequel était invoqué par les armées étrusques au moment des combats.

L'influence de la religion grecque se traduisit en outre par le développement de cultes de type *dionysiaque*. Les initiés, issus de la haute société, participaient à des cérémonies secrètes en l'honneur de Dionysos (Bacchus en latin), qui prirent le nom de bacchanales et tournèrent souvent à l'orgie, au point que le Sénat de Rome interdit en 186 avant J.-C. la tenue de ces cérémonies venues d'Etrurie et considérées comme immorales et dangereuses pour les individus et l'ordre public.

Jusqu'à la fin de l'Empire romain, alors que le christianisme s'imposait peu à peu mais irrésistiblement, l'antique *etrusca disciplina* resta le symbole même du paganisme. L'écrivain chrétien Arnobe, auteur vers 300 de l'ouvrage de rhétorique *Contre les païens*, qualifiait encore l'Etrurie de « génitrice et mère des superstitions ». On raconte enfin qu'en 410, alors que Rome, où régnait le quarantième pape, Innocent Ier, était menacée par les armées du Wisigoth Alaric, des haruspices étrusques proposèrent de faire tomber la foudre sur les Barbares à condition qu'on leur accorde la liberté de culte, ce qui leur fut refusé. On ne sait s'ils seraient parvenus à sauver Rome par ce moyen.

En tout cas, la ville fut prise et saccagée par les Wisigoths, ce qu'aucune armée étrangère n'avait réussi à faire depuis l'invasion gauloise, huit cents ans plus tôt.

Une civilisation mortelle

La conception étrusque du monde était étroitement conditionnée par la volonté divine. Ainsi, les dieux avaient limité le temps d'existence des hommes mais aussi celui de la civilisation étrusque elle-même : les haruspices avaient attribué au *nomen etruscum*, c'est-à-dire à la nation étrusque, une durée de vie de dix périodes (ou *saeculi*, le siècle, en latin) de longueurs inégales.

Certains auteurs ont ainsi expliqué la défaite finale des Etrusques face aux Romains par un fatalisme lié au sentiment que la fin de leur civilisation, fixée par les dieux, était inéluctable. On s'explique mal alors l'acharnement avec lequel certaines cités étrusques résistèrent à la conquête pendant près de deux siècles. Mais il est étrange de constater que le dixième et dernier *saeculum* de la civilisation étrusque, qui dure à peu près du milieu du Iᵉʳ siècle avant J.-C. au milieu du Iᵉʳ siècle après J.-C., correspond effectivement à son assimilation, et donc à sa disparition, dans le monde romain. Les devins étrusques avaient pressenti cette disparition avec une étonnante clairvoyance.

Quel sentiment les Etrusques avaient-ils de l'au-delà ? Aucun texte ne nous est parvenu pour le préciser. Cependant, l'éclat donné à leur art funéraire atteste que la croyance en la survie des défunts après la mort et la nécessité de les entourer de leurs objets familiers, afin d'assurer cette survie, devaient être profondément ancrées dans la mentalité étrusque. Le culte rendu aux ancêtres était très ancien et lié à la tradition aristocratique dans la mesure où ceux-ci étaient à l'origine de la lignée familiale. Plusieurs tombes du VIIe siècle avant J.-C. abritaient des statues d'ancêtres assis sur des trônes sculptés à même la roche. Le culte des morts est un aspect fondamental de la culture étrusque et il se maintint sous différentes formes pendant toute son histoire.

Les lieux de culte

Le temple étrusque archaïque avait des caractéristiques qui le distinguaient nettement des temples grecs contemporains. Edifié sur un soubassement en pierre, le *podium*, il était de plan rectangulaire souvent proche du carré. Le sanctuaire (*cella*, en latin) était parfois divisé en trois pièces dédiées chacune à une divinité. Il était précédé d'un vestibule comportant une colonnade en façade orientée vers le sud. On accédait à ce vestibule par un escalier frontal. Contrairement aux temples grecs, il n'existait pas de colonnade faisant tout le tour de l'édifice. Le toit à double pente dépassait largement des murs et de la façade. Il était soutenu par des poutres en bois et recouvert de tuiles plates réunies par des couvre-joints demi-circulaires. Le fronton, à l'origine du moins, était ouvert et muni lui-même d'un toit. A l'époque hellénistique, ce fronton ouvert sera remplacé par un fronton fermé décoré de reliefs, comme celui des temples grecs.

Les matériaux utilisés pour les murs étaient la brique et le bois, dont la fragilité explique qu'aucun de ces temples n'ait subsisté, à l'exception de quelques soubassements comme celui du temple du Belvédère à Orvieto. La décoration du temple était riche et colorée : acrotères, statues et bas-reliefs, généralement en terre cuite peinte de couleurs vives, ornaient les frontons, les angles et la poutre faîtière du toit, le *columen*. Des *antéfixes* également en terre cuite polychrome étaient placées le long de la bordure du toit, au bout de chaque rangée de tuiles qui descendaient du faîte. Elles représentaient des têtes humaines ou monstrueuses comme celle de Méduse, personnage mythique dont la chevelure était faite de serpents et dont le regard pétrifiait.

Les colonnes des temples étrusques étaient le plus souvent d'ordre dit « toscan ». La première description écrite des ordres en architecture, et donc de l'ordre toscan, se trouve dans le *De architectura* de Vitruve, architecte qui vivait sous le règne de l'empereur Auguste au début du Ier siècle après J.-C. Il décrit quatre ordres, parmi lesquels le toscan. Il lui donne un caractère primitif, rustique, avec de larges espaces entre les colonnes. Par la suite, au XVIe siècle, plusieurs architectes dont Alberti, Serlio, Vignole et Palladio décrivirent à leur tour les ordres antiques. L'ordre toscan est considéré comme la préfiguration de l'ordre dorique : de proportions plus trapues que ce dernier, il comporte des colonnes aux fûts lisses et des entablements sans frises[1].

1. Plusieurs monuments modernes ont été édifiés en utilisant l'ordre toscan : c'est le cas du Tempietto de Bomarzo construit par Vignole pour servir de mausolée à Julie Farnèse, épouse de Vicino Orsini, et de l'église Saint-Paul à Covent Garden de Londres, œuvre d'Inigo Jones.

Nous connaissons cependant d'autres ordres employés par les Etrusques, notamment dans des tombes comme celle des Chapiteaux de Cerveteri (début du VIe siècle avant J.-C.) où les colonnes sont surmontées de chapiteaux dits « éoliens » ou « éoliques ». Ces chapiteaux sont décorés de deux rangées de volutes séparées par une palmette.

Dans certaines régions d'Etrurie méridionale, comme Sovana, Norchia, Blera ou Castel d'Asso, au IVe siècle avant J.-C., des tombes furent creusées au flanc de falaises rocheuses de tuf volcanique. Ces tombes, dites *rupestres,* figurent parfois des façades de temples sculptées, avec frontons et colonnes, qui peuvent avoir jusqu'à six mètres de large.

A l'époque hellénistique, les grands décors des temples témoignent, comme dans toute l'Italie, de l'influence de la Grande Grèce mais aussi de celles de Pergame et d'Alexandrie. Sur le modèle grec, les frontons des temples s'ornent en effet de grandioses compositions en terre cuite polychrome. Les plus impressionnants de ces décors sont ceux des frontons des temples de Civitalba et de Talamone. On y retrouve les thèmes héroïques et spectaculaires chers à l'art hellénistique, notamment pergaménien, ainsi qu'un goût marqué pour la dramatisation de l'action et l'exaspération du mouvement. Les terres cuites de Civitalba datent probablement de la première moitié du IIe siècle avant J.-C. Elles s'inspirent d'un événement historique réel, le pillage du sanctuaire de Delphes en 279 avant J.-C. par les Galates, peuplade d'origine celtique qui finit par s'installer en Asie Mineure où ils fondèrent un royaume. Les plaques du fronton de Talamone sont un peu plus récentes (milieu du IIe siècle avant J.-C.). Elles représentent avec un sens tragique très caractéristique de la sensibilité hellénistique des épisodes de l'expédition des Sept contre Thèbes.

Les cérémonies ne se déroulaient pas à l'intérieur du temple, mais à l'extérieur, autour d'un autel monumental placé devant la façade de l'édifice. C'est sur ces autels que les animaux étaient sacrifiés. On a découvert aussi des autels à libations, de forme cylindrique, qui servaient à offrir aux dieux des liquides comme le vin ou l'huile. Ces autels étaient percés d'un conduit intérieur où l'on versait le liquide pour qu'il pénètre dans les profondeurs de la terre, résidence des divinités infernales. Les temples sont pratiquement les seuls édifices publics étrusques que nous connaissons. Leur importance était aussi religieuse que symbolique, dans la mesure où leur construction engageait l'ensemble des ressources de la cité et témoignait ainsi de sa puissance et de sa cohésion politique.

CINQUIÈME PARTIE

L'ART ÉTRUSQUE

Un art sous influences

Une tradition tenace relie encore étroitement l'art grec et l'art étrusque, au point de découper les phases successives de l'histoire de l'art étrusque à peu près de la même manière que celles de l'art grec, avec toutefois un certain décalage dû aux singularités de la civilisation étrusque.

Il est vrai que l'art étrusque a été profondément influencé par les modèles étrangers, orientaux et grecs. Il n'en possède pas moins sa propre originalité. Comme dans de nombreuses autres sociétés antiques, les œuvres d'art étrusques répondaient à des besoins fonctionnels : objets de culte, honneurs rendus aux défunts, décorations architecturales, parures et ustensiles de la vie quotidienne. Il ne s'agit jamais d'une conception de « l'art pour l'art ».

La culture villanovienne a produit nombre d'objets qui avaient été déposés dans des tombes à puits. Il s'agit principalement d'urnes cinéraires en bronze ou en *impasto*, argile brune assez grossière, de forme dite « biconique », car elles sont constituées de deux cônes superposés reliés par leur base, ce qui leur donne un aspect renflé au centre. Ces urnes étaient fermées par un couvercle représentant un casque lorsque le défunt était un homme ou une écuelle lorsqu'il s'agissait d'une femme. En dehors de ces urnes furent retrouvés de nombreux objets de la vie quotidienne : récipients, pièces d'armement, fibules destinées à fermer les vêtements. Le décor de ces objets est presque exclusivement géométrique, à l'exception de quelques figures animales ou humaines, proches de l'abstraction, obtenues par incision ou repoussé qui soulignent la forme de l'objet. Plus spectaculaires étaient les trônes en bronze dont le décor est travaillé au repoussé. Le musée du Louvre présente l'un d'eux, dont subsiste le dossier et quelques éléments adaptés sur un support moderne. Son décor est complexe. Il est constitué de bossettes, de quadrupèdes et d'animaux fantastiques. Ce trône, qui date de la phase la plus évoluée de l'art villanovien (milieu du VIIIe siècle avant J.-C.), témoigne de la croyance en la survie du mort dans la tombe en y matérialisant sa présence.

A partir de la seconde moitié du VIIIe siècle se produit dans les zones de culture villanovienne un extraordinaire développement artistique qui correspond à la diffusion en Italie du mouvement dit orientalisant.

Le terme « orientalisant » désigne aujourd'hui clairement le mouvement de diffusion ou de copie des objets et des motifs orientaux dans beaucoup de pays du bassin méditerranéen : Grèce, Italie, sud de la France, péninsule Ibérique. Ce phénomène est étroitement lié à l'intensification des échanges entre les contrées de Méditerranée occidentale et l'Orient que favorise l'implantation des colonies grecques en Italie méridionale. La phase chronologique correspondante est assez limitée dans le temps : en Italie, elle débute dans la seconde moitié du VIIIe siècle et se termine vers 580 avant J.-C. A ce moment, la civilisation étrusque s'affirme comme la plus brillante de l'Italie préromaine, seule capable de rivaliser avec la civilisation grecque. Cette période est capitale pour l'Etrurie, car elle marque son entrée dans l'histoire avec l'adoption de l'écriture, la formation des cités et l'affirmation du pouvoir des aristocraties enrichies par le commerce des métaux et par l'agriculture. Or ce sont les élites étrusques qui constituent l'élément moteur du développement artistique de l'Etrurie et des régions étrusquisées d'Italie, dans la mesure où elles sont les commanditaires de la production artistique. L'art sert le prestige des *principes* étrusques ou étrusquisés, qui entretiennent par ailleurs des relations personnelles avec leurs homologues d'autres régions méditerranéennes.

Soucieuse de magnifier son pouvoir, la classe dominante s'approprie ainsi des objets précieux, qui, dans le monde grec, sont plutôt réservés aux divinités dans les sanctuaires. Ce lien entre art et pouvoir se traduit aussi par une tendance à la monumentalisation : c'est ainsi qu'apparaissent les grandes tombes à tumulus comme celles de la nécropole de Cerveteri. Ces tombes aristocratiques familiales sont constituées de chambres funéraires creusées dans le sol. Elles sont recouvertes par un imposant tertre de terre et de pierre, le tumulus, posé sur un socle de tuf en forme de tambour orné d'une corniche. Un escalier permettait d'accéder à une plate-forme située au sommet du tumulus où se déroulaient les rites liés au culte des morts. Les plus grandes de ces sépultures monumentales mesuraient plusieurs dizaines de mètres de diamètre. Elles étaient placées le long de voies sépulcrales et constituaient de véritables villes des morts, les nécropoles. C'est à l'intérieur de ces tombes qu'ont été retrouvés des objets luxueux importés d'Egypte, de Syrie, de Rhodes, de Grèce et même de Mésopotamie et d'Ourartou, pays situé à l'emplacement de l'actuelle Arménie. Il s'agit de fibules en or, de pendentifs, de colliers, d'éventails en ivoire, d'œufs d'autruche peints et de vases précieux. Les motifs ornementaux, imités ensuite par les artisans locaux, figurent des animaux ou des végétaux exotiques : lions, panthères, sangliers, cervidés, chèvres et bouquetins, volatiles, palmiers, lotus. Mais on y trouve aussi des créatures fantastiques comme les griffons, sphinx et autres chimères. En dehors de ces objets importés, beaucoup étaient fabriqués en Etrurie, parfois même par des artisans grecs ou orientaux qui avaient ouvert, dans les cités de Caere, Vulci et Tarquinia, des ateliers capables de former des Etrusques à leurs techniques et à leur répertoire artistique.

Les plus riches sépultures qui ont livré les objets d'époque orientalisante ont été fouillées au XIXe siècle. C'est le cas de la tombe dite « Regolini Galassi », du nom de ses inventeurs, découverte en 1836 dans la nécropole du Sorbo, près de Caere-Cerveteri. C'était une grande tombe princière datant du milieu du VIIe siècle avant J.-C. qui abritait les restes d'une femme richement parée et de deux hommes. La femme et l'un des hommes avaient été déposés, alors que le troisième personnage avait été incinéré. Parmi les bijoux les plus extraordinaires retrouvés dans cette sépulture figurent un pectoral en or, deux bracelets et une grande fibule à disque. Celle-ci reprend un modèle italien ancien. Les figures de lions passants dont elle est décorée ne font que remplir l'espace du disque sans véritable souci de composition : il s'agit ici de l'emploi d'un motif oriental adapté sans grande recherche à un objet de facture locale. La tombe contenait aussi la vaisselle de la défunte : des coupes et des vases en argent ou en bronze, de la céramique de *bucchero,* des chaudrons en bronze à *protomé* de lions (tête et cou de l'animal fixé sur le rebord du chaudron), ainsi qu'un lit en bronze, des boucliers, un char de parade et un grand chariot qui avait probablement servi au transport de la défunte jusqu'à sa dernière demeure.

En 1897, on découvrit à Vetulonia la tombe dite « du Licteur », ainsi appelée car on y trouva une double hache en bronze entourée de verges. C'est l'une des plus riches sépultures de l'époque orientalisante, où les restes d'un char et de harnachements de chevaux voisinaient avec des fibules, des pendentifs et des bracelets.

A la fin du XIXe siècle, on mit au jour à Palestrina dans le Latium, l'antique Praeneste (ou Préneste), plusieurs grandes tombes princières à fosses qui livrèrent des centaines d'objets luxueux. Située à une quarantaine de kilomètres au sud-est de Rome, cette ville était un point de passage entre l'Etrurie et la Campanie. C'était une cité latine, mais qui fut gouvernée, comme Rome, par des princes étrusques ou étrusquisés. Ces princes s'enrichirent probablement en prélevant des droits de passage sur les marchandises qui traversaient leur territoire en échange de la protection militaire qu'ils offraient aux négociants. La présence d'armes dans les sépultures masculines est la preuve de cette activité.

En 1876, les frères Bernardini fouillèrent à Préneste une tombe qui livra plus de cent objets dont plusieurs dizaines en or ou en argent.

Toujours à Préneste, la fouille d'une tombe voisine de la précédente, dite tombe Barberini, a fourni de nombreux objets en ivoire, notamment un manche d'éventail en forme de bras et un calice à cariatides. Ces deux tombes sont contemporaines de la tombe Regolini-Galassi de Cerveteri. Il n'est pas toujours facile de savoir si les objets sont importés d'Orient ou fabriqués en Italie. La présence de coupes d'argent ornées de motifs égyptisants, fabriquées en milieu phénicien, d'objets en ivoire probablement syriens et de bassins dont la décoration s'inspire de modèles chypriotes, confirme en tout cas l'importance des rapports commerciaux avec l'Orient. La découverte de morceaux d'ivoire brut sur les sites de certaines villes étrusques prouve que ce matériau était aussi travaillé sur place.

Dans la tombe Barberini se trouvait une plaque d'or de grande dimension couverte d'animaux fabuleux : lions ailés, chimères et sphinges décorés de filigrane d'or en granulation. Cette technique, que les orfèvres modernes ont tenté en vain d'imiter, était originaire d'Asie Mineure. Connue en Egypte et dans le monde égéen, elle devint une spécialité étrusque. Elle consiste à souligner les détails d'une figurine ou d'un bijou avec de minuscules boules d'or. La fabrication de bijoux en or restera abondante à l'époque suivante. Un des meilleurs exemples en est le pendentif en forme de tête du dieu fleuve Achéloos (début du ve siècle avant J.-C.), traité en granulation, conservé au musée du Louvre.

Enfin, d'autres objets de luxe fabriqués avec des matières plus fragiles comme le bois (meubles), le cuir ou le tissu ont malheureusement été perdus.

Une forte identité artistique

De tous les arts plastiques, la peinture est l'un des domaines artistiques les plus remarquables de l'art étrusque. Ses œuvres les plus spectaculaires sont les fresques qui ornent les murs des tombes. Beaucoup ont malheureusement subi des dégradations sérieuses ou irréversibles après leur découverte, généralement au XIXe siècle. Certaines, aujourd'hui disparues ou très endommagées, ont été sauvées de l'oubli grâce aux copies réalisées par des artistes de cette époque comme Carlo Ruspi (1798-1863) dont les dessins coloriés à l'aquarelle nous permettent encore d'admirer le banquet de la tombe des Léopards et les danseurs de celle du Triclinium. En dehors de ces fresques funéraires, nous ne possédons que quelques urnes cinéraires ou sarcophages peints, ainsi que des fragments de décorations de temples ou peut-être d'édifices publics. Il est en effet peu vraisemblable que la peinture étrusque n'ait été que funéraire. Ainsi sont conservées au British Museum des plaques de terre cuite peintes provenant de Caere, datant environ du milicu du VIe siècle avant J.-C., dites « plaques Boccanera ». D'autres, un peu plus récentes (troisième quart du VIe siècle), connues sous le nom de « plaques Campana », se trouvent à Paris au musée du Louvre. Bien que certaines d'entre elles aient été retrouvées dans des tombes, d'autres fragments proviennent du site même de la ville, ce qui atteste l'existence d'une peinture décorative non funéraire. Mais là encore, les œuvres peintes sur des supports fragiles comme la terre cuite ont presque entièrement disparu, alors que les fresques longtemps protégées dans les profondeurs des sépulcres ont mieux résisté au temps. Quant à l'existence de décorations murales dans les maisons de la noblesse étrusque, nous ne pouvons que l'imaginer puisqu'aucune de celles-ci n'a été conservée.

Ce qui reste de la peinture étrusque constitue néanmoins le témoignage le plus important de la peinture antique en Occident avant l'époque romaine.

Les tombes peintes sont majoritairement situées à Tarquinia où il en reste environ une vingtaine. Quelques-unes se trouvent à Chiusi, Cerveteri et Véies. Quelques autres, généralement d'époque plus récente, ont été retrouvées à Vulci, comme la célèbre tombe François, ainsi qu'à Orvieto-Volsinies.

Les Etrusques apportaient un soin tout particulier à la décoration de la dernière demeure de leurs défunts car ils étaient persuadés que les esprits des morts survivaient dans leurs tombes. Celles-ci devaient comporter des éléments évoquant leur vie passée et posséder tout le confort dont ils avaient bénéficié de leur vivant. La tombe restait en quelque sorte l'habitation du défunt pour l'éternité. Cette croyance, qui existait chez d'autres peuples de l'Antiquité, comme les Egyptiens ou les Mycéniens, devait être bien ancrée à l'époque orientalisante et archaïque. Les peintures murales des tombes ne répondaient donc pas à un simple souci décoratif ou commémoratif, mais bien à des préoccupations d'ordre magique et rituel. Le rituel commençait au moment des funérailles. Celles-ci étaient célébrées par des banquets et des jeux funéraires dont les représentations sont fréquentes sur les parois des tombeaux. Les banquets se déroulaient à l'extérieur de la tombe sous un pavillon de toile. Certains décors des tombes de Tarquinia en conservent la représentation. Les convives, hommes et femmes proches du défunt, à demi allongés sur des lits d'apparat *(klinè)*, devisaient tout en se restaurant. Autour d'eux s'activaient des serviteurs, des musiciens, des jongleurs et des danseurs. Certains Grecs voyaient dans ces luxueux festins l'origine de la *tryphè* (ou *truphê*), c'est-à-dire la mollesse qui, selon eux, caractérisait le peuple étrusque. Ce point de vue traduisait en réalité un sentiment de jalousie et la rivalité qui existait entre Grecs et Etrusques.

C'est à n'en pas douter l'image du bonheur terrestre qui transparaît dans le décor des tombes. L'artiste-peintre Gérard Fromanger, qui réside aujourd'hui à Sienne, est un grand admirateur des Etrusques. D'après lui, ceux-ci situaient le paradis sur terre, et non après la mort. Tout ce que l'on pouvait tenter était donc de continuer à faire vivre aux morts ce qu'ils avaient connu pendant leur existence terrestre.

Les premiers témoignages de décoration peinte se trouvent dans les tombes de l'époque orientalisante. A cette époque, les peintures murales sont du même registre que celles des céramiques. Les couleurs de base utilisées sont le jaune, le rouge et le noir. Ainsi les files de canards peintes dans la tombe des Canards de Véies, premier témoignage connu de décor peint en Etrurie, sont caractéristiques des motifs de la céramique « sub-géométrique » qui a subsisté pendant tout l'orientalisant moyen (680 à 630 avant J.-C.). Elles forment ici le décor principal du monument funéraire qui représente le pavillon de toile surmontant le lit où le défunt était exposé et pleuré pendant le rituel d'exposition du corps emprunté aux Grecs, la *prothésis*. Cette tente était probablement celle qui avait été dressée pour abriter le banquet funéraire.

D'une manière générale, les frises d'animaux passants (oiseaux, lions, panthères, cervidés, sphinx) sont nombreuses. On les retrouve dans des tombes de Cerveteri, telles celles des Animaux peints ou des Lions peints. Certaines de ces tombes comportent des scènes de la vie quotidienne des aristocrates, comme la chasse ou la guerre. Elles expriment alors le statut social supérieur du défunt. Le voyage du mort vers l'au-delà, thème qui sera très fréquent par la suite, apparaît sans doute aussi à la fin de cette époque : dans une tombe de Cerveteri, les restes d'une image de navire y font peut-être allusion.

Au cours du VIe siècle avant J.-C., la puissance des cités étrusques est à son apogée. Les commandes publiques se multiplient, notamment pour la décoration des sanctuaires. La période est marquée par l'immigration en Etrurie de nombreux artistes ioniens qui fuyaient l'expansion Perse en Asie Mineure. Ce sont les grandes heures du décor peint à fresque. La suprématie de l'école de peinture de Tarquinia s'affirme alors : plus des trois quarts des grands décors connus de cette époque en proviennent.

La technique de la fresque employée par les peintres étrusques les obligeait à travailler vite après avoir tracé sur la paroi les contours des figures au moyen d'un dessin préparatoire incisé ou au charbon. Il fallait en effet travailler sur un enduit frais, avant qu'il ne sèche. Cette technique rapide donnait aux œuvres un caractère vif et spontané que beaucoup de spécialistes trouvent en accord avec le caractère étrusque « qui répugne à la minutie et à l'élaboration réfléchie et, comme nous l'avons dit, est franchement antiacadémique... Les représentations de Tarquinia ont une force vitale, une allégresse, un sens du décor et de la couleur proprement admirables[1]. » L'écrivain Claude Boncompain est de cet avis lorsqu'il décrit de manière fort sensible les peintures de la tombe des Lionnes à Tarquinia : « Autant l'art de peindre se laissait oublier dans la petite chambre de la Chasse et de la Pêche, autant il éclate ici. Dans la frise qui s'allonge au-dessous, deux musiciens jouent gravement devant une urne ceinte de feuillages, aussi haute qu'eux et qui, pour recevoir cet hommage, représente sans doute les cendres du mort. De part et d'autre, deux scènes de danse évoquant deux rythmes différents. A droite, un homme et une femme ; le premier uniformément rouge et l'autre couleur de chair, nue avec un drapé de voile transparent dont on ne devine où il s'attache. Figures éminemment plastiques, tant par le découpage des vides que par la correspondance, à peine décalée pour fuir la monotonie des gestes. Tous deux, une jambe repliée lèvent le bras, l'homme avec la main ouverte, la femme avec deux doigts en corne, qui rappellent exactement la conjuration de la *jettatura* telle qu'elle se pratique encore...

« La figure symétrique à ces deux premières sur la gauche a été universellement admirée. Un manteau rouge à large bande bleue l'enserre dans une corolle renversée très ample, très précise dans sa régularité mais le visage est formé par deux traits, deux coups

1. R. Bianchi-Bandinelli, *Les Etrusques et l'Italie avant Rome*, Paris, Gallimard, « L'Univers des formes », 1973.

de pinceaux à l'ocre, fermes et sûrs, en retrait d'une ébauche apparente. La main rabattue sur le poignet retombe, imprécise comme une feuille. Le couple nu est possédé par un rythme bondissant et cette femme parée, prise dans l'ampleur d'un vêtement qui ne l'engonce pas, tourne avec une lenteur qui ne déplace aucun pli[1]. »

Les décors peints de cette époque exaltent surtout le mode de vie aristocratique. Outre le banquet, dont le thème est récurrent dans l'art étrusque, sont figurées des scènes de jeux, de danse, de chasse et de pêche. Certains éléments peuvent faire référence aux activités du défunt pendant sa vie : la représentation d'un bateau dans la tombe « du Navire » de Tarquinia évoquait peut-être le commerce maritime, ou le voyage du défunt (un armateur ?) vers l'au-delà. Les couleurs sont toujours vives, le geste exubérant. La nature est représentée au moyen de paysages marins ou terrestres où la végétation est très variée. Dans ce cadre naturel, l'homme a toute sa place. Il n'en est jamais dissocié. Les figures de la tombe de la Chasse et de la Pêche (vers 520 avant J.-C.), tel le jeune plongeur qui a été poussé par un de ses compagnons du haut d'un rocher, sont particulièrement vivantes et charmantes. « Tout ici est poésie, une poésie de la nature, de la couleur et de la joie de vivre[2]. » R. Bianchi-Bandinelli, partisan de la théorie d'un art étrusque inspiré du répertoire iconographique grec, concède que « les peintres de Tarquinia réussirent à créer des représentations

1. C. Boncompain, *Lucienne et les Etrusques*, Paris, Albin Michel, 1954.

2. A. Hus, *Les Etrusques et leur destin*, *op. cit.*

nouvelles, traitant de sujets propres au monde étrusque[1] ».

Au ve siècle, la peinture étrusque reflète certaines caractéristiques du *style sévère* grec diffusé par les artistes des cités grecques d'Occident. Les sujets traités dans les tombes sont les mêmes qu'au siècle précédent, mais les formes artistiques sont plus austères, tandis que la recherche du réalisme s'affirme. Les artistes tentent de s'affranchir des conventions archaïques et les attitudes des personnages sont rendues à partir de l'observation des mouvements réels. Les décors les plus représentatifs de cette évolution sont ceux des tombes des Biges, des Léopards et du Triclinium à Tarquinia.

Au cours du ive siècle avant J.-C., Rome étend son ascendant sur l'Italie centrale et méridionale après la prise de Véies en 396. « Les différentes cultures de l'Italie forment alors un art qui puise dans une même référence à l'hellénisme un langage artistique commun, la *koiné*[2]. » L'art de cette *koiné* étrusco-italique exprime surtout à ce moment les influences de l'art grec classique. Le répertoire iconographique des tombes peintes change très sensiblement sous l'emprise grandissante de la culture grecque : les représentations de banquets sont encore courantes, mais déjà se multiplient les évocations du voyage du défunt vers un au-delà qui s'apparente désormais aux Enfers de la mythologie grecque. Les banquets se déroulent dans l'au-delà, où les défunts retrouvent leurs ancêtres. Ils sont entourés de génies infernaux, plus ou moins monstrueux, comme la déesse ailée

1. *Les Etrusques et l'Italie avant Rome*, *op. cit.*
2. A. Rouveret, *L'Art de l'Antiquité*, *op. cit.*

Vanth, Tuchulcha à tête d'oiseau de proie brandissant des serpents, Charun aux chairs bleuâtres, armé d'un marteau, qui correspond en plus inquiétant au Charon des Grecs, ainsi que de divinités chthoniennes : Aita (Hadès) ou Phersipnai (Perséphone). Faisant écho à la grave crise, politique et économique autant que morale et religieuse, que traverse la civilisation étrusque au cours du IVe siècle avant J.-C., le doute et l'angoisse sur le sort de l'homme dans l'au-delà se manifestent avec davantage d'acuité. Ceci explique les modifications de l'iconographie picturale qui multiplie les scènes effrayantes ou violentes : c'est une vision pessimiste de la mort qui s'installe.

La peinture reflète désormais la violence des luttes contre Rome. Le décor de la tombe François de Vulci en est un des rares exemples. Cette tombe appartenait à la puissante famille des Saties. Les peintures qui l'ornent datent des années 340-330 avant J.-C. Le commanditaire de ce décor, Vel Saties, vêtu comme un général victorieux d'une toge richement décorée (la *toga picta*) et couronné des lauriers des triomphateurs, est représenté au moment où il s'apprête à consulter le vol des oiseaux. Sur les murs de la chambre principale de la tombe sont peints d'un côté la libération de Caile Vibenna par Macstrna et de l'autre le sacrifice par Achille des prisonniers troyens aux mânes de Patrocle. La signification probable de ces peintures a été analysée par l'archéologue italien Filippo Coarelli : « Les Etrusques s'identifient aux Grecs et utilisent de façon polémique l'origine troyenne des Romains pour affirmer que les événements de la chute de Troie se reproduiront au IVe siècle. Les nouveaux Achéens, les Etrusques, viendront à bout de

Troie renaissante[1]. » L'épisode de Macstrna évoque quant à lui l'ancienne victoire du héros vulcien sur une coalition au sein de laquelle figuraient des Tarquins de Rome. Cet aspect « politique » de la peinture étrusque dans son dernier stade comporte aussi le souci de glorifier les *principes* en réaffirmant leur puissance au sein d'une société en crise et en exaltant leur lignage. Le thème traditionnel du banquet rassemble plusieurs générations d'aristocrates. Des inscriptions soulignent leurs hauts faits ou les magistratures exercées par les différents personnages. Cette exaltation du pouvoir de l'aristocratie et la célébration des gloires familiales est très sensible dans de grands sépulcres comme la tombe des Leinies, dite « Golini », à Orvieto-Volsinies, ou celle de l'Ogre à Tarquinia qui contient l'un des plus beaux portraits de la peinture étrusque classicisante, celui de la dame Velia à l'expression inquiète et douloureuse, et enfin dans la tombe des Boucliers, également à Tarquinia, où le seigneur Larth Velcha est allongé sur le lit de banquet auprès de sa femme assise. Les *principes* sont ainsi figurés comme les seuls capables de maintenir les traditions et d'assurer la survie même du *nomen etruscum*.

Les peintures des dernières tombes étrusques, en particulier celle du Typhon (Ier siècle avant J.-C.) à Tarquinia, font apparaître des sujets ornementaux qui se retrouveront dans la peinture romaine dite du « deuxième style » à la fin du Ier siècle avant J.-C. La procession funéraire de la tombe du Typhon, où les personnages sont placés sur deux plans juxtaposés, fait irrésistiblement penser à la procession sculptée

1. Cité par A. Rouveret, *op. cit.*

sur les parois de l'autel de la Paix construit à Rome sous l'empereur Auguste. Enfin, le souci de commémorer les hauts faits des membres des grandes familles patriciennes sera un aspect essentiel de l'art romain officiel.

Dès l'Antiquité, la Toscane semble avoir été une région propice à la création picturale. Il en sera de même beaucoup plus tard, à l'époque de la Renaissance : « Il est curieux de penser que le génie pictural des peuples italiques se soit manifesté à l'origine précisément sur ces terres d'Italie de la région du Tibre et de l'Arno où, dans le domaine des arts figuratifs, devait éclore quinze siècles plus tard la grande expérience du Moyen Age tardif et de la Renaissance toscane[1]. »

Une céramique originale

Les archéologues ont retrouvé de très nombreux vases sur les sites et dans les tombes étrusques. Beaucoup de ces céramiques avaient été importées. C'est le cas des vases peints où l'on retrouve d'abord les mêmes motifs orientalisants que sur les bijoux. Dès l'époque orientalisante, cependant, des ateliers se créent en Etrurie où les artisans, souvent d'origine grecque, fabriquent des vases inspirés des modèles importés. A Cerveteri, dès le début du VIIe siècle avant J.-C., sont produits des vases de grand format comme des *pythoi*, sorte de jarres, des amphores ornées de hérons ou de félins et des cratères comme

1. M. Pallotino, *La Peinture étrusque*, Genève, Skira, 1952.

celui d'Aristonothos dont le décor comporte des personnages.

Mais la grande particularité étrusque est la céramique nationale, dite de *bucchero*. Ces vases de couleur noire, au décor géométrique incisé ou estampé, produisent un effet de reflets métalliques qui témoigne de l'influence des vases en métal importés d'Orient. Le *bucchero* permettait de remplacer à moindre frais la coûteuse vaisselle métallique. Les premiers vases de *bucchero* proviennent de Caere, mais leur production se répandit rapidement à Véies, Vulci et Tarquinia, puis à l'Etrurie tout entière. La technique de fabrication du *bucchero* reposait sur une cuisson dans une atmosphère réductrice contenant peu d'oxygène et beaucoup d'oxyde de carbone. L'oxyde ferrique contenu dans l'argile du vase se combinait avec l'oxyde de carbone pour donner un oxyde de fer de couleur noire. Cela supposait l'utilisation de fours très perfectionnés comportant deux chambres, une pour la combustion et une pour la cuisson, ce qui devait pouvoir garantir une atmosphère réductrice. Le vase obtenu au moyen de cette technique est noir dans son épaisseur même. Il ne s'agit pas d'un simple vernis noir, même si par la suite la surface de l'objet est souvent lustrée. Au VIIe siècle avant J.-C., les vases de *bucchero* sont dits *sottili*, ce qui signifie « minces », tant leur paroi est de faible épaisseur.

Au VIe siècle apparut le *bucchero « pesante »* dont le principal centre de fabrication fut Chiusi. Les formes sont plus lourdes et le décor plus fantaisiste que celui du *bucchero sottile*. Les ornements, modelés à la main ou au moyen de matrices et fixés sur les parois épaisses des vases, sont à base de motifs floraux, animaliers ou humains.

A l'époque orientalisante récente, la ville de Vulci devint un grand centre de fabrication de vases dits étrusco-corinthiens qui reproduisaient les thèmes de la céramique corinthienne, alors très répandue dans le bassin méditerranéen. Cette production sera abondante jusqu'au milieu du VIe siècle. Après cette date, de nombreux ateliers s'inspirèrent des modèles ioniens. Une des créations les plus caractéristiques est alors celle des *hydries* de Caere, vases à trois anses destinés à puiser l'eau. Leur décor, à figures noires peintes sur le fond naturellement rougeâtre du vase, déclinait le répertoire iconographique grec.

Chiusi, dont la population était restée fidèle à la crémation alors que dans les autres régions d'Etrurie on pratiquait plutôt l'inhumation, produisait aussi de curieux récipients cinéraires de forme ovoïde agrémentés de bras humains mobiles et surmontés d'un couvercle en forme de tête humaine, véritable portrait stylisé du défunt. Ces vases sont improprement appelés « canopes de Chiusi » par analogie avec les vases canopes égyptiens placés à côté des sarcophages et qui contenaient les viscères des défunts.

La production de céramique à figures noires se poursuivit jusqu'au début du Ve siècle avant J.-C. Mais, à partir de cette date, l'importation de vases attiques à figures rouges se fit massive par le port de Spina, sur l'Adriatique. Les figures rouges étaient réservées sur le fond du vase peint en noir. Les détails étaient ensuite exécutés au pinceau. Les thèmes décoratifs étaient constitués de sujets mythologiques et héroïques. Les ateliers étrusques n'imitèrent ce type de céramique grecque qu'à partir du milieu du Ve siècle.

Au IVe siècle, les principaux ateliers étrusques de céramiques à figures rouges étaient situés à Vulci, Volterra,

Caere et Chiusi, ainsi qu'en pays falisque autour de Falerii. Avec la diffusion du culte dionysiaque, les scènes représentant des cortèges bachiques et les noces d'Ariane et de Dionysos se multiplièrent. Les céramiques peintes produites dans la région de Volsinies, dites du groupe de Vanth, ont attiré l'attention des chercheurs intrigués par la récurrence des représentations de scènes funéraires. Mais l'une des créations les plus originales dans le domaine de la céramique est à ce moment celle des vases *plastiques*, comme l'*askos* en forme de canard décoré d'une figure de génie féminin ailé provenant de Chiusi et exposé au musée du Louvre.

Une expression libre

L'Etrurie était une région pauvre en pierres pouvant servir au travail de la sculpture. Les sculpteurs étrusques n'avaient à leur disposition que des pierres volcaniques fragiles et friables. Le matériau employé pour la statuaire fut donc souvent la terre cuite.

La grande sculpture apparaît à la période orientalisante. Elle a d'abord pour objet de rendre un culte aux ancêtres, comme en témoignent les statues en pierre retrouvées dans plusieurs tombes de Caere, notamment les terres cuites de la tombe des « Cinq Sièges », ou celles provenant du palais de Murlo où des personnages avaient été placés en position d'*acrotères*. Certaines sculptures étaient installées à l'entrée des nécropoles comme le Centaure de Vulci, réalisé selon des critères propres à la sculpture grecque contemporaine, péloponnésienne et corinthienne.

La sculpture monumentale se développe à l'époque archaïque. Survivance du répertoire orientalisant, à

Vulci, des statues de lions ou de sphinx gardaient l'entrée des tombes ou des nécropoles. Les *cippes*, sorte de stèles sculptées en bas-relief, représentaient souvent des rites funèbres. Les deux centres les plus importants pour le travail de la terre cuite au VIe siècle avant J.-C. sont Caere et Véies. Ils produisent de grandes statues modelées en terre, destinées à garnir les rampants ou le sommet du toit des temples. C'est le cas des grandes figures du temple de Portonaccio à Véies, placées sur l'arête du toit de l'édifice et dont les proportions étaient calculées en fonction de la perception optique qu'on en avait du sol. La plus célèbre de ces statues est un Apollon, retrouvé au début du XXe siècle et conservé aujourd'hui au musée de la villa Giulia à Rome.

Ces œuvres, remarquables sur le plan de la réalisation technique, témoignent elles aussi de l'influence ionienne, notamment le sourire qui éclaire leur visage et les courbes des silhouettes. Mais ce qui caractérise l'art des sculpteurs étrusques de cette époque est leur indifférence à reproduire les formes du corps avec réalisme. Il se dégage de ces œuvres une impression de vitalité exacerbée, un peu sauvage. Les mêmes caractéristiques se retrouvent dans les grands sarcophages de Caere, qui sont en réalité des coffres cinéraires. Ils sont considérés comme une des meilleures réalisations de l'art étrusque et l'on ne peut qu'être sensible à l'impression de spiritualité et de sérénité qu'ils dégagent. Les « Epoux » sont les deux spécimens les plus spectaculaires de ces « sarcophages » qui se trouvent au musée de la villa Giulia à Rome et au musée du Louvre. Les deux œuvres sont presque jumelles. Le sarcophage du Louvre est de qualité légèrement supérieure à celui de Rome et sa restauration a été réalisée avec succès. Les deux défunts, membres de la haute société de Caere, sont représentés à demi allongés sur un lit de banquet, la *klinè,* meuble de luxe aux pieds découpés suivant un schéma ionien et probablement importé de Grèce. L'exécution de cette œuvre est caractéristique de l'art étrusque archaïque, très marqué par l'art grec ionien. La richesse des détails, le raffinement décoratif du drapé des étoffes, l'élégance du costume de la femme et la précision des lignes font oublier l'absence de proportions équilibrées et l'invraisemblance de l'attitude : les jambes, inertes, forment un angle presque impossible avec le haut du corps. Les défunts s'appuient sur des outres à vin qui rappellent l'importance de cette boisson comme offrande funéraire. Caere en produisait et en exportait des quantités importantes. Enfin, la présence de la femme au côté de son mari, qui pose un bras sur ses épaules dans un geste de tendresse, témoigne, on l'a dit, de la position privilégiée de la femme dans la société étrusque. On peut remarquer que l'homme porte une barbe sombre alors que sa chevelure est blonde : peut-être se teignait-il les cheveux ou portait-il une perruque ?

L'écrivain José Luis Sampedro a décrit ainsi le sarcophage des Epoux de Rome : « La femme, appuyée sur le coude gauche, les cheveux retenus en deux tresses qui lui tombent sur la poitrine, arrondit délicatement la main pour l'approcher de ses lèvres pulpeuses. Derrière lui, l'homme, pareillement appuyé, barbe en pointe sous une bouche de faune, entoure de son bras droit la taille féminine. Sur les deux corps, le ton rougeâtre de l'argile cherche à révéler le tréfonds sanguin invulnérable au passage des siècles. Et sous les yeux étirés, bridés à l'orientale, fleurit sur les visages un même sourire indescriptible : sage et énigmatique, serein et voluptueux[1]. » En réalité, ce sourire n'est pas étrusque, il est grec. C'est le même sourire que l'on retrouve sur les visages des *koré* et des *kouroi* grecs de la même époque.

La production de sarcophages et d'urnes cinéraires resta jusqu'au bout un des éléments les plus caractéristiques de l'art étrusque. En Etrurie méridionale, plusieurs centres comme la petite ville de Tuscania vont perpétuer cette tradition : la fabrication de sarcophages en terre cuite y fut particulièrement abondante. Il s'agit d'une production en série où les têtes des défunts allongés sur les couvercles sont individualisées au moment de la commande.

Sur le sarcophage de Larthia Seianthi (IIe siècle avant J.-C.), originaire de Chiusi, les ornements comme les roues, rosettes et fleurs évoquent la symbolique funéraire orientale, transmise à l'Occident par l'Egypte. De Chiusi provient aussi le célèbre sarcophage de l'Etrusque obèse dont l'aspect physique semble donner raison aux auteurs grecs ou romains qui dénonçaient la mollesse et la goinfrerie des aristocrates étrusques. Plus étonnants encore sont les couvercles des deux sarcophages du musée de Boston, provenant de Vulci et datés de la seconde moitié du IVe siècle avant J.-C. Ils représentent des couples enlacés, allongés sur leur lit. Cette attitude prouve l'importance du lien matrimonial pour les aristocrates, qui renforcent leur pouvoir au moyen d'alliances entre familles de cités différentes. A la même époque, des sarcophages d'initiés au culte dionysiaque montrent les défunts allongés, tenant un

1. J. L. Sampedro, *Le Sourire étrusque*, Paris, Métailié, 1999.

thyrse, symbole de leur qualité d'initié ou de prêtre du dieu Bacchus.

Le type de sarcophage sur lequel le défunt est représenté en position demi-étendue sur une *kliné* connaîtra des développements à l'époque romaine, puis à la Renaissance. Il existe en effet plusieurs exemples de sarcophages romains d'époque impériale où le défunt est figuré dans cette attitude, tenant à la main un vase à libation. De même, à partir du XVe siècle, des monuments funéraires directement inspirés de l'art étrusque seront réalisés par des sculpteurs italiens de la Renaissance. Ainsi le tombeau du cardinal Angelo Marzi Médicis dans l'église de la Santissima Annunziata, exécuté par Antonio da Sangallo en 1546.

Les cuves des urnes cinéraires de Chiusi ou de Volterra, qui se spécialisa dans le travail de l'albâtre, sont souvent décorées de scènes pittoresques représentant le voyage du défunt vers l'au-delà au moyen de véhicules utilisés dans la vie quotidienne, comme le chariot sur l'urne dite de la Femme à l'éventail. Mais on y trouve aussi des scènes de combats tirées de la mythologie ou de l'histoire grecque comme les *centauromachies*, les batailles entre Grecs et Galates, le duel fratricide entre Etéocle et Polynice pendant l'expédition désastreuse des Sept contre Thèbes, ou encore les *amazonomachies*. Le sarcophage des Amazones du musée archéologique de Florence, provenant de Tarquinia, fournit un exemple exceptionnel de ce thème du combat entre Grecs et Amazones, car les cuves des sarcophages étrusques étaient rarement décorées de peinture. L'artiste, grec d'Italie ou étrusque, on ne sait, s'est inspiré de modèles puisés dans la grande peinture grecque. La datation de l'œuvre, difficile, est à placer au plus tard vers le dernier quart du IVe siècle.

Sur le plan artistique, le Ve siècle avant J.-C. fut une période de transition. Il est caractérisé, particulièrement dans sa seconde moitié, par la pénétration progressive de l'art grec classique. Comme en peinture, le Ve siècle voit la sculpture étrusque influencée par le « style sévère » de l'art grec. Quelques œuvres sculptées qui en possèdent certaines caractéristiques méritent d'être citées. Ainsi, le décor de terres cuites en relief qui ornait l'extrémité du *columen* (poutre faîtière) du temple A de Pyrgi (vers 460 avant J.-C.). Il représente un épisode de l'expédition des Sept contre Thèbes : après avoir perdu le trône de Thèbes qu'il partageait avec son frère Etéocle, Polynice, fils d'Œdipe, s'enfuit chez le roi Adraste d'Argos dont il épousa la fille. Il obtint l'appui de son beau-père pour organiser une expédition contre Thèbes avec cinq autres chefs argiens. L'expédition tourna au désastre. Les Argiens furent vaincus et leurs chefs perdirent la vie dans la bataille, sauf Adraste qui réussit à se réfugier à Athènes. Eteocle et Polynice s'entre-tuèrent, concrétisant ainsi la malédiction exercée contre leur père et la ruine de sa maison.

L'influence grandissante de l'art grec est tout aussi sensible sur la tête du dieu Tinia en terre cuite de la fin du Ve siècle, provenant du site de Falerii, aujourd'hui au musée de la villa Giulia, réalisée d'après le modèle du Zeus de Phidias. De même, la belle cruche en bronze en forme de tête de jeune homme dite « tête de Gabies » présente un visage classique surmonté d'une chevelure joliment stylisée en mèches coquillées suivant une mode de la fin du Ve siècle. Cette œuvre sera souvent imitée dès le

XVIIIe siècle dans les ateliers anglais et italiens propagateurs de l'étruscomanie.

Les statues en terre cuite de héros provenant de la décoration du temple du Belvédère à Orvieto datent des années 380-370 avant J.-C. L'historienne Françoise-Hélène Massa-Pairault y a reconnu un épisode de la guerre de Troie : le tirage au sort du héros achéen chargé de combattre Hector. La signification politique de cette scène est probablement celle de l'assimilation des Etrusques aux Grecs vainqueurs de Troie, qui symbolise Rome. On retrouve donc ici la même symbolique chargée de sens politique que dans les fresques de la tombe François. A la même période appartiennent les sculptures du temple de l'Ara della Regina à Tarquinia, notamment les fameux chevaux ailés d'une grande pureté classique.

A partir des dernières décennies du IVe siècle, les Etrusques trouveront dans l'art hellénistique, caractérisé par son goût pour l'exubérance, l'expression du mouvement et la recherche du pittoresque, des éléments qui leur paraîtront désormais plus en accord avec leur propre sensibilité que ceux qui caractérisent le classicisme grec.

Désormais les statues en ronde bosse, souvent en terre cuite, atteignent une qualité digne des modèles grecs. C'est le cas du torse d'Apollon provenant du temple de Scasato à Faleries (fin du IVe siècle avant J.-C.) qui rappelle par son traitement les portraits d'Alexandre le Grand.

En 1999, un buste de femme voilée et couronnée de pampres a été retrouvé dans les réserves du Louvre par Françoise Gaultier, conservatrice au département des antiquités grecques, étrusques et romaines du musée. Cette statue avait été découverte en 1829 sur le site de Falerii Novi, et acquise par la France en même temps que les œuvres de la collection Campana. Elle était depuis tombée dans l'oubli. La conservatrice a montré que ce buste était en réalité un fragment de statue. Après avoir effectué des rapprochements stylistiques avec d'autres représentations féminines sculptées en Grèce dans la seconde moitié du IVe siècle avant J.-C., Françoise Gaultier conclut ainsi : « On ne peut guère imaginer pour cette statue de femme de grande taille, d'allure matronale, coiffée d'une couronne bachique, d'autre identité que celle d'Ariane. Cette figure devait former avec une autre statue un groupe votif, ou plus vraisemblablement cultuel, représentant les noces de Dionysos et d'Ariane, un thème déjà fréquemment illustré par la céramique à figures rouges de Faleries. » Quant à sa datation précise, elle reste difficile : seconde moitié du IVe siècle ou début du IIIe siècle avant J.-C.

L'art romain adoptera la tradition réaliste du portrait étrusque, solidement ancrée dans l'art de la *koinè* étrusco-italique. Les portraits en bronze ou en terre cuite soulignent le lien étroit qui existait entre les œuvres étrusques et celles élaborées à Rome jusqu'à la fin de la République : ainsi l'austère « Brutus » du Capitole (IIIe siècle avant J.-C.), la tête de jeune homme de Fiesole conservée au Louvre (IIe siècle avant J.-C.), dont le visage aux chairs un peu lourdes témoigne du souci de l'artiste à rendre avec réalisme l'individualité du modèle et la tête d'un homme mûr en terre cuite peinte du musée de la villa Giulia (début du Ier siècle avant J.-C.) aux traits saisissants de vérité.

De grands maîtres en orfèvrerie

Très spectaculaires sont les grands ex-voto de bronze comme la puissante Chimère d'Arezzo (deuxième quart du IVe siècle avant J.-C.), bel exemple de la maîtrise artistique des bronziers étrusques. Cette statue faisait certainement partie d'un groupe où elle était face au héros grec Bellérophon qui la combattait. C'est à cette catégorie de sculptures qu'appartient la Louve du Capitole, plus ancienne toutefois, puisqu'elle est datée de la première moitié du Ve siècle.

Les orfèvres étrusques simplifient parfois les formes jusqu'à l'abstraction. C'est le cas de l'haruspice du musée de la villa Giulia ou de l'« Ombre du soir » de Volterra qui évoquent les œuvres d'un Giacometti. La datation de ces statuettes votives en bronze est discutée, mais les spécialistes semblent s'accorder sur la seconde moitié du IIIe siècle avant J.-C. Certaines, comme la divinité féminine (peut-être Aphrodite-Turan ?) du musée du Louvre, qui provient du sanctuaire de Diane à Nemi dans le Latium, peuvent toutefois remonter jusqu'au milieu du IVe siècle.

L'une des productions les plus caractéristiques de l'époque hellénistique est celle des objets de luxe en bronze ou en cuivre à décor gravé tels que les miroirs, dont une face était polie et l'autre décorée, ou les cistes, boîtes utilisées par les femmes pour ranger leurs objets de toilette. On y retrouve la qualité traditionnelle de l'artisanat étrusque ainsi que son goût pour le dessin et le naturel. Les images gravées sont empruntées à la vie quotidienne et à la tradition locale, mais surtout à la mythologie grecque.

Les sujets étaient puisés dans des cahiers de modèles constitués de plaquettes de bois peintes et de dessins sur toile ou sur tessons de céramique qui circulaient dans les ateliers, dont les principaux, si l'on considère l'Etrurie proprement dite, se situaient à Vulci et à Tarquinia. Mais c'est Préneste, dans le Latium, qui devint alors le grand centre de cette production et ce jusqu'à l'époque romaine impériale. Il nous est de plus en plus difficile de distinguer pour ce type d'objets l'apport véritablement étrusque de celui des autres peuples italiens. Ces œuvres sont caractéristiques de la fusion artistique réalisée au sein de la *koinè* étruso-italique. Ainsi la plus célèbre ciste, dite Ficoroni, du nom de l'archéologue qui en fit l'acquisition peu après sa découverte dans la nécropole de Préneste en 1786, est conservée aujourd'hui au musée de la villa Giulia. On y voit gravés deux épisodes du voyage des Argonautes et, sur le couvercle, Dionysos entre deux satyres. Datant de la seconde moitié du IVe siècle avant J.-C., elle comporte une inscription de type archaïque, dite de l'« objet parlant » : « Dindia Macolnia m'a donnée à sa fille. Novios Plautios m'a fabriquée à Rome. » Outre le fait que c'est la première fois qu'apparaît le nom de Rome sur un objet d'art, on apprend que celui-ci a été fabriqué dans une ville latine par un artisan sans doute campanien, en utilisant des thèmes iconographiques et des formes artistiques gréco-étrusques.

L'une des dernières grandes statues étrusques fut en bronze. Il s'agit de l'*Arringatore* (l'Orateur) qui date du début du Ier siècle avant J.-C. et représente un magistrat étrusque de la région d'Arezzo, Aule Meteli. Son identification est rendue possible par une inscription en langue étrusque située sur le bord de la toge de ce personnage. Malgré cette inscription, on se rend bien compte du chemin parcouru : Aule Meteli incarne l'aristocrate étrusque en voie de romanisation. Or, ce sont les aristocrates qui avaient donné à l'art étrusque son impulsion. Après leur intégration dans le creuset romain, l'art étrusque se confondra avec celui de Rome, auquel il fournira un héritage non négligeable, y compris celui de l'hellénisme.

SIXIÈME PARTIE

LES ÉTRUSQUES FACE À ROME

Caton l'Ancien (234-149 avant J.-C.) soulignait que presque toute l'Italie avait été sous la domination des Etrusques. De son côté, Tite-Live rappelait qu'« avant l'établissement de la puissance romaine, les Etrusques avaient étendu au loin leur domination sur terre et sur mer. Les noms mêmes des deux mers, la mer Supérieure et la mer Inférieure qui ceignent l'Italie comme une île, attestent la puissance de ce peuple : les Italiens appellent l'une la mer Toscane, l'autre la mer Hatriatique du nom d'Hatria, colonie des Etrusques. Les Grecs les nomment mer Tyrrhénienne et mer Adriatique[1] ».

Une puissance militaire

Les Etrusques ont parfois été décrits comme un peuple pacifique par certains auteurs modernes, qui les opposent ainsi aux peuples belliqueux de l'Antiquité, tels que les Grecs et bien sûr les Romains. L'expansion étrusque vers le nord et le sud de l'Italie à l'époque archaïque se serait ainsi faite sous la

1. *Histoire romaine*, V, 33.

forme d'une pénétration commerciale et culturelle sans véritable conquête militaire. Leur défaite face aux Romains et leur assimilation dans la romanité serait la conséquence au mieux d'un fatalisme lié à leur caractère pacifique, au pire à leur apathie (*tryphè*) qui les aurait rendus incapables de résister à leurs adversaires. Or la notion moderne de pacifisme est tout à fait étrangère à la mentalité des peuples de l'Antiquité – *pacificus* en latin signifie simplement « celui qui établit la paix » ; le pacifisme ne pouvait exister en tant que doctrine ou attitude dans un monde où la survie de la cité était basée sur la capacité de s'imposer ou de résister au voisin, aussi bien culturellement qu'économiquement et donc forcément militairement. La guerre était un état presque normal pour les Etrusques comme pour les autres peuples de l'Italie préromaine. Son but était surtout de mettre le territoire ennemi au pillage afin de rapporter du butin. Parfois, il s'agissait de s'assurer la possession de points d'appui stratégiques ou commerciaux. De fait, l'histoire étrusque telle qu'elle nous est rapportée par les auteurs antiques est jalonnée d'épisodes guerriers, dont certains sont assortis d'actes cruels comme la lapidation des prisonniers grecs à Caere après la bataille d'Alalia ou l'exécution de prisonniers romains sur le forum de Tarquinia pendant la guerre qui opposa les deux cités au milieu du IVe siècle avant J.-C. Jusqu'à cette date, les Etrusques conservèrent toute leur capacité d'offensive militaire en Italie centrale, afin de lutter contre l'expansion romaine, mais aussi de rapporter le butin fourni par le pillage. Par la suite, la violence des combats et leur fréquence ont montré que les

Etrusques n'étaient pas un peuple résigné ni incapable de résister à leurs ennemis romains (ils leur infligeront jusqu'au bout des revers sanglants). Ils céderont finalement devant l'organisation militaire plus efficace de leurs adversaires, mise au service d'une volonté d'expansion systématique.

Cette tradition militaire est attestée en Toscane par les sources archéologiques dès l'époque villanovienne. C'est sans doute cette capacité dissuasive, matérialisée par l'existence d'une flotte de guerre efficace, qui a permis aux Proto-Etrusques d'éviter l'installation sur leur territoire de colonies grecques, au contraire de certains autres peuples d'Italie ou de Sicile moins organisés qui subirent parfois durement cette colonisation. En effet, « les colons [grecs] sont des isolés que réunissent la faim de terre et la faim tout court. Ils cherchent de riches plaines qu'ils arrachent aux autochtones, souvent réduits en servage ou contraints de payer tribut. C'est dire que leur implantation se fait par la force dans un milieu indigène naturellement hostile[1]... ».

Les tombes villanoviennes ont ainsi livré un important matériel guerrier. Les cendres des guerriers défunts étaient placées dans des urnes biconiques recouvertes d'un casque en bronze ou en terre cuite, symbole des sépultures masculines. Certaines de ces tombes, surtout à Véies et à Tarquinia, contenaient aussi des armes défensives ou offensives. L'armement défensif des Villanoviens était constitué essentiellement de casques à crête ou à *apex,* de boucliers de bois (plus rarement de bronze), de protège-cœurs de bronze probablement

1. Pierre Lévêque, *L'Aventure grecque*, Paris, Armand Colin, 1964.

associés à des tuniques de cuir ou matelassées et de *cnémides*, rares mais pas inconnues. L'armement offensif comportait de grandes lances de *hast*, des épées courtes et des poignards, parfois des haches. Les Villanoviens devaient pratiquer l'escrime à la lance, l'épée courte et la hache ne jouant vraisemblablement qu'un rôle d'appoint. Cela implique que les Villanoviens devaient déjà adopter pour se battre une organisation en ligne, préfigurant le combat hoplitique[1].

L'armement étant surtout abondant dans les tombes des cités du sud de l'Etrurie, on peut supposer que les Villanoviens de ces régions eurent à défendre leur territoire à la fois contre les montagnards des Apennins et contre les tentatives de colonisation de peuples venus d'Orient, Phéniciens ou Grecs. Ils le firent avec succès, si l'on considère l'absence d'implantations coloniales sur les côtes de la Toscane. Dans d'autres régions, comme celle de Bologne, où les ennemis potentiels étaient moins nombreux, les Villanoviens se sont moins préoccupés de défense et les dépôts d'armes sont beaucoup moins fréquents.

Par la suite, ce potentiel militaire se développera au point qu'au VIIe et au VIe siècle avant J.-C., les Etrusques constitueront la puissance militairement dominante en Italie, aussi bien sur terre que sur mer.

Pendant la période orientalisante, une évolution se dessine. Les tombes des princes étrusques de cette époque nous livrent des armes grecques, surtout

---

1. D'après l'étude de C. Saulnier, *L'Armée et la guerre dans le monde étrusco-romain*, Paris, De Boccard, 1980.

défensives : boucliers, cnémides et casques de type corinthien dont on retrouve d'ailleurs la représentation sur des vases et des stèles. Les guerriers du cratère d'Aristonothos sont déjà équipés en hoplites, mais l'artiste étant un Grec, cela n'est pas étonnant. Un fait est avéré, c'est que le casque de type villanovien disparaît. Les armes offensives restent essentiellement des lances, auxquelles s'ajoutent des armes de jets comme les javelots et des épées courtes ou des poignards. Les Etrusques connaissaient donc l'armement grec dès le VIIe siècle avant J.-C., mais l'évolution de leur tactique s'est faite empiriquement, avec l'adoption progressive de pièces d'origine grecque, sans abandonner les traditions de l'époque précédente comme l'escrime à la lance héritée de l'époque villanovienne.

Les princes étrusques combattaient alors à cheval, comme le prouvent les nombreux mors trouvés dans leurs tombes. Ils conduisaient des troupes d'infanterie constituées de leurs clients et équipées à leurs frais. Les chars de guerre, dont on a retrouvé plusieurs exemplaires dans les tombes aristocratiques jusqu'au VIe siècle avant J.-C., n'ont été employés quc pcu dc temps dans les combats. Très vite, ils n'ont plus servi qu'aux parades militaires ou aux triomphes.

Les Etrusques avaient également adopté l'*antilabè*, seconde poignée du bouclier que l'on tenait dans la main après avoir passé l'avant-bras dans la première. Ceci permettait de manier plus facilement le bouclier et de le tenir plus fermement. Cette innovation fut décisive pour la mise en place du combat de type hoplitique, emprunté aux Grecs, qui aurait ainsi été développé en Italie par les Etrusques. Une partie au moins de leurs guerriers auraient été équipés dès le

VIe siècle en hoplites, c'est-à-dire en fantassins lourds, avec cuirasse de bronze, bouclier rond, jambières, lance, épée et casque à cimiers de type corinthien ou italique, comme le montre une amphore dite « amphore du peintre de Micali », où une phalange de guerriers avance en rangs serrés, précédée d'un musicien qui souffle dans une trompette de guerre. Posidonios indique à ce propos que « les Etrusques, perfectionnant l'équipement de leurs armées de terre, inventèrent ce qu'on appelle la trompette, qui est de la plus grande utilité à la guerre et qui fut nommée par eux Tyrrhénienne ».

La tombe du Guerrier de Vulci (vers 520 avant J.-C.) contenait un équipement d'hoplite presque complet : bouclier rond, jambières, casque, épée, pointes de lance, ceinturon à fermoir décoré d'une scène représentant l'embuscade tendue par Achille à Troilos, fils de Priam. Ce guerrier était un combattant de la phalange. Par ailleurs, les statues votives en bronze de guerriers confirment la composition de cet équipement : cuirasse à plaques, casque à *paragnathides* relevés et bouclier rond. C'est dans cet équipage qu'apparaissent le guerrier (peut-être en fait une représentation du dieu Maris, le Mars des Romains) du musée de Florence (première moitié du Ve siècle avant J.-C.), le « Mars » de Todi et l'hoplite provenant du dépôt de Falterona au nord d'Arezzo, tous deux de la fin du Ve siècle avant J.-C.

Le développement du combat hoplitique est à mettre en rapport avec l'évolution sociale des cités. A partir de cette époque, les citoyens des villes étrusques ont probablement été classés suivant des critères de richesse qui leur permettaient d'acquérir un équipement plus ou moins coûteux. La possession d'une armure complète n'était donc plus désormais la seule prérogative des princes et de leurs *clientèles*. Le seul état précis de cette organisation nous est fourni par la réforme servienne dans la Rome étrusquisée, qui distingue cinq classes de citoyens en fonction de leur richesse. La classe la plus riche formait la cavalerie. L'infanterie lourde était composée des citoyens capables de s'équiper d'un armement défensif complet en métal comprenant casque, bouclier circulaire, cuirasse et jambières. L'armement offensif était constitué d'une lance et d'une épée (*gladius*). L'infanterie de deuxième ligne, composée de citoyens moins aisés, était pourvue de grands boucliers de bois cerclé de fer (*scutum*) ; elle n'était pas équipée de cuirasse et utilisait également la lance et le glaive. Les armées des cités étrusques étaient devenues, comme celles des cités grecques, des armées de citoyens-soldats. Cette organisation, dont Rome fournit un exemple documenté avec la réforme servienne, fut alors celle de toute l'Italie étrusquisée, de la plaine du Pô au Latium. Tous les historiens soulignent que ce type de combat qui consiste à se présenter en formation serrée où chaque guerrier est protégé par son voisin est symbolique de la solidarité entre citoyens d'une même cité.

Mais l'aristocrate combattant à cheval, au milieu des membres de sa *gens*, ne disparut pas pour autant. On voit ainsi des cavaliers conduisant une troupe d'infanterie sur la *situle* de la Certosa, trouvée dans une sépulture de Bologne et datée du début du Ve siècle avant J.-C. L'existence de motifs identiques, peints sur les boucliers des guerriers de l'amphore du peintre de Micali ou de l'*oenochoé* de la Tragliatella qui provient des environs de Caere, prouve que la troupe caractérisée par ce blason distinctif devait être au service d'un même clan. Ainsi, les princes étrusques conduisirent encore longtemps au combat des troupes constituées en partie de fantassins lourdement équipés en hoplites comme les armées des cités. L'unité tactique de la phalange composée des membres de la *gens* et de leurs clients était un type d'organisation militaire qui existait encore à Rome au Ve siècle avant J.-C., comme le prouve l'expédition malheureuse de la *gens* Fabia contre Véies.

A côté de l'infanterie lourde, d'autres combattants étaient armés plus légèrement : le protège-cœur en métal fixé sur un vêtement de cuir a subsisté longtemps comme principale pièce d'armement défensif. Cette infanterie légère était constituée des citoyens les plus pauvres, voire des *penestes*, paysans semi-libres dépendant des grands propriétaires nobles. Certains princes, notamment au IVe siècle avant J.-C., lors des affrontements avec Rome, organisèrent en effet des sortes de levées en masse de leurs paysans. Mais ces troupes mal armées et mal entraînées ne purent résister efficacement aux légions romaines.

Plusieurs types d'unités militaires ont donc coexisté en Etrurie comme dans le reste de l'Italie aux mêmes époques : cavalerie aristocratique, infanterie constituée des clients de ces aristocrates, phalange « citoyenne » de type grec.

Certains aristocrates étrusques furent en outre des chefs de bandes mercenaires qui proposaient leurs services aux cités quand ils n'agissaient pas pour leur propre compte, comme le feront bien plus tard les *condottieri* italiens de la Renaissance. Ce fut le cas des frères Vibenna et de leur fidèle compagnon Macstrna dont l'intervention à Rome fut décisive.

Il est très difficile d'établir avec précision les étapes de l'expansion étrusque en Italie. Le peu que nous en savons est déduit des découvertes archéologiques, dans la mesure où l'on constate la présence d'Etrusques ou de princes étrusquisés dans les régions situées aux limites nord et sud de l'aire culturelle d'origine de leur civilisation. Les péripéties des combats nous sont connues par les écrits des historiens appartenant aux peuples adversaires des Etrusques, comme les Grecs et les Romains. Ces faits historiques nous renseignent donc plutôt sur les revers des Etrusques que sur leurs succès et concernent des périodes assez tardives.

Un fait est sûr, la structure politique de la confédération étrusque excluait tout processus d'expansion globale, concerté et centralisé. Cette expansion, quand elle eut lieu, fut l'œuvre de cités qui menaient leur politique indépendamment des autres, voire celle de puissantes familles agissant à titre privé. Ainsi, l'expansion vers le sud fut menée par des villes comme Caere, Vulci, Chiusi, Véies et Tarquinia, alors que vers le nord, ce fut l'œuvre de Cortone, Volterra ou Arezzo.

L'expansion étrusque ne répondait pas non plus à des visées impérialistes systématiques. Son objectif était le contrôle de voies de communication et de points d'appui stratégiques afin de faciliter le commerce. Parfois, comme dans certaines régions du Latium, la présence étrusque s'était faite par des alliances matrimoniales entre princes locaux et femmes de la noblesse toscane.

A son apogée, à la fin du VIe siècle avant J.-C., le territoire occupé ou dominé par les Etrusques s'étendait donc de la plaine du Pô à la Campanie. Les Etrusques contrôlaient la mer Tyrrhénienne et s'étaient implantés sur le littoral est de la Corse depuis la victoire navale remportée sur les Phocéens avec l'aide des Carthaginois vers 535 avant J.-C. Mais l'un des faits marquants de cette expansion fut l'occupation du site de Rome au VIIe siècle avant J.-C. Sa situation sur la route de la Campanie, à un endroit où le Tibre était aisément franchissable, en faisait en effet un point d'appui stratégique et commercial de premier ordre.

La grande Rome des Tarquins

Rome était à son origine une ville peuplée de Latins et de Sabins. Sa fondation a été confirmée par de récentes découvertes archéologiques qui ont mis en lumière l'existence de fortifications sur le Palatin dès le deuxième quart du VIIIe siècle avant J.-C. Elle est devenue ville étrusque à la fin du VIIe siècle. Certains historiens avancent même que le nom de Rome pourrait venir de celui d'une *gens* étrusque, la *gens* Ruma, qui aurait ainsi donné son patronyme à la ville.

La situation privilégiée de la ville sur un axe commercial reliant l'Etrurie à la Campanie explique l'intervention des Etrusques pour qui le site de Rome était devenu une position clé. Ils occupaient en effet déjà la rive droite du Tibre, faisant face aux Latins. A l'époque d'Auguste, la rive droite (le Trastevere actuel) s'appellera encore *litus tuscus* (rive étrusque) ou *ripa veiens* (rivage de Véies). Le pont qui traversait le Tibre était en planches attachées les unes aux autres, d'où son nom de pont Sublicius (du verbe *subligare*, qui signifie lier). Les Latins voulaient pouvoir le détruire rapidement en cas d'attaque venue de la rive droite. La route qui empruntait le pont Sublicius croisait la via Salaria, grâce à laquelle le sel, denrée précieuse provenant des salines de l'embouchure du Tibre, était acheminé vers l'intérieur de l'Italie et la côte adriatique. On comprend aisément que les Etrusques aient fini par s'emparer de ce nœud de communications, indispensable au développement de leurs activités commerciales.

Le fait est admis par les historiens romains, qui limitent toutefois le phénomène à une simple prise du pouvoir par une sorte d'aventurier originaire de Tarquinia, Tarquin l'Ancien, qui portait aussi, selon Tite-Live, le nom de Lucumon. Son père, un Corinthien nommé Démarate, était venu se réfugier à Tarquinia vers 650 avant J.-C. après avoir été chassé de sa cité lors de troubles politiques. Démarate, qui s'était marié avec une Etrusque, semble avoir été très riche. A sa mort, son fils, qui s'appelait encore Lucumon, hérita de sa fortune. Lucumon avait épousé une femme de la noblesse de Tarquinia, Tanaquil, et nourrissait de grandes ambitions sociales et politiques. Malheureusement, à Tarquinia, Lucumon était méprisé en tant que fils d'un étranger proscrit, malgré sa richesse et son mariage. Le couple décida donc de trouver une autre ville, où les possibilités de réaliser leurs ambitions seraient plus favorables. Ils choisirent Rome, ville nouvelle où régnait alors le roi Ancus Martius. La légende raconte qu'au moment où ils arrivèrent près de la colline du Janicule, aux portes de Rome, un aigle s'empara du chapeau de Lucumon et le reposa sur sa tête après avoir tournoyé plusieurs fois autour de lui. Tanaquil, en femme étrusque habituée à interpréter les présages, expliqua alors à son mari que le comportement de cet aigle, envoyé par les dieux, lui annonçait une grande destinée. A Rome, le couple acheta une maison et fit profiter beaucoup de gens de sa richesse et de son hospitalité. Lucumon changea son nom en celui de Tarquin. Il devint bientôt le principal conseiller d'Ancus Martius. A la mort de ce dernier, en 616 avant J.-C., Tarquin réussit à se faire proclamer roi par le peuple et devint le premier d'une lignée royale d'origine étrusque. Le deuxième, Servius Tullius, nous est connu par une source étrusque, ce qui est très rare. En effet, l'une des fresques de la tombe François à Vulci montre un combat entre guerriers étrusques, identifiés par leurs noms. On y voit un chef militaire du nom de Macstrna libérer un de ses compagnons, Caile Vibenna. Autour d'eux se déroule un combat au cours duquel sont mis à mort plusieurs autres personnages, dont l'un est identifié comme Gneve Tarchunies Rumarch, autrement dit Gnaeus Tarquin de Rome.

Or, il existe une autre mention de ce Macstrna qui nous permet de l'identifier à Servius Tullius. Dans un discours prononcé en 48 après J.-C. devant le Sénat de Rome, l'empereur Claude désigne clairement le roi Servius Tullius comme étant Macstrna. Claude précise que celui-ci avait pris le pouvoir à Rome après une expédition militaire menée avec deux frères, Aule et Caile Vibenna, comme lui originaires de Vulci. Il est donc vraisemblable que la chute de Tarquin l'Ancien ait été le résultat d'une expédition militaire menée par une armée vulcienne contre Rome. Tarquin l'Ancien a probablement été tué dans l'affaire et Macstrna, comme l'affirme Claude, devenu roi de Rome, changea lui aussi son nom en celui de Servius Tullius. Son règne dura quarante-quatre ans. En 525 avant J.-C., il fut assassiné par le petit-fils de Tarquin l'Ancien qui régna à son tour jusqu'en 509 avant J.-C. sous le nom de Tarquin le Superbe. Toujours d'après les historiens antiques, celui-ci aurait été chassé à la suite d'une insurrection des Romains, qui auraient installé une république. Le pouvoir fut confié à un puis deux consuls éponymes. Là encore, la tradition romaine semble occulter une réalité plus complexe. Elle admet l'intervention du roi de Clusium (Chiusi), Porsenna, qui aurait tenté de rétablir les Tarquins, sans succès. Or il semble bien que cela soit l'inverse : Porsenna serait certes intervenu, mais pour chasser Tarquin le Superbe, et prendre Rome. Une fois la victoire acquise, il aurait imposé aux Romains de dures conditions de paix, notamment l'interdiction de fabriquer des armes de métal. Porsenna aurait ensuite envoyé son fils Arruns investir la ville d'Aricie dans le Latium, où Tarquin et ses fils avaient trouvé refuge. Aricie fut sauvée par l'intervention d'Aristodème de Cumes qui aurait surpris et vaincu l'armée étrusque. Ces événements se seraient déroulés vers 505 avant J.-C. et n'auraient donc été qu'une phase de la lutte entre les deux cités dans le cadre de l'expansion de Chiusi. Les listes des premiers consuls de la République romaine relatives à cette période font encore apparaître des noms étrusques. Ces magistrats n'auraient été en fait que des gouverneurs nommés par Porsenna.

Pendant la période d'un peu plus d'un siècle où Rome fut gouvernée par des rois étrusques, la ville connut un développement urbain considérable. Les vestiges de la Regia, résidence des rois de Rome, encore visibles sur le Forum, ne datent que de 36 avant J.-C. Ils reproduisent cependant le plan de la résidence construite pour les Tarquins à la fin du VIe siècle.

Les Etrusques réalisèrent à Rome de grands travaux d'urbanisme. Ils asséchèrent les marécages de la dépression située entre le Capitole et le Palatin en construisant un réseau d'égouts pour drainer les eaux stagnantes. L'un de ces égouts, la Cloaca Maxima, existe encore. Cette ancienne zone marécageuse fut pavée et devint une place publique, le Forum, qui allait par la suite se couvrir de monuments.

C'est sous la dynastie étrusque des Tarquins que les premiers grands monuments urbains furent construits, comme le Circus Maximus (le Grand Cirque) qui, plusieurs fois agrandi et embelli, offrira sous Néron une capacité de 250 000 places, et le temple de la Triade capitoline sur le Capitole. Cet édifice, le plus grand temple étrusque connu, témoigne de la volonté des souverains étrusques de Rome de déplacer vers leur cité le centre politique et religieux de la ligue latine, constitué jusque-là par le sanctuaire fédéral qui s'élevait près d'Albe la Longue. Long de plus de soixante mètres et large de cinquante, ce temple était constitué de trois *cellae* dédiées à Jupiter *Optimus Maximus* (Jupiter très bon et très grand), à Junon et à Minerve. La façade comportait une rangée de six colonnes et deux autres rangées placées derrière la première soutenaient les poutres du *pronaos*. Deux colonnades latérales encadraient les *cellae*. En cela, il diffère du temple toscan caractéristique qui ne comportait qu'une colonnade en façade. L'édifice était décoré d'acrotères réalisés par l'atelier d'un maître de Véies, Vulca, dont le nom nous est connu grâce à Pline l'Ancien[1]. Le plus important de ces acrotères était un grand quadrige de terre cuite peinte placé sur le faîte du toit. Les statues de culte, également en terre cuite, provenaient du même atelier. A ce temple aboutissaient les processions triomphales organisées pour les rois victorieux, puis, sous la république, pour les généraux vainqueurs.

Les deux temples de l'aire sacrée de Sant'Omobono, dédiés à la Fortune et à Mater Matuta, sont moins spectaculaires mais fournissent un très intéressant témoignage de la présence étrusque à Rome. Ils furent construits sous le règne de Servius Tullius, dans une zone à vocation commerciale située à proximité du port fluvial de Rome sur le Tibre, ce qui prouve que le roi souhaitait mener une politique favorable aux marchands. On y a retrouvé un petit ex-voto en ivoire qui porte le nom d'un membre de la famille des Spurinna de Tarquinia, ainsi que deux statues en terre cuite d'Hercule et d'une divinité féminine en armes, probablement Minerve, qui étaient placés en position d'acrotères au sommet du toit. On voit que le temple romain traditionnel, bâti sur un haut soubassement, dérive directement du temple étrusque dont le temple de Jupiter sur le Capitole était un exemple.

Servius Tullius fit en outre ériger la muraille servienne, mur d'enceinte en gros blocs de *cappellaccio* qui enfermait une superficie de plus de quatre cents hectares, ce qui faisait de la Rome étrusque la plus grande ville d'Italie continentale, même si une partie de son espace n'était sans doute pas habité. Sa population majoritairement latine s'accrut par l'arrivée de

1. *Histoire naturelle*, 35, 157.

nombreux Etrusques, marchands, artistes, prêtres, artisans et ouvriers qualifiés.

Le règne de Servius Tullius semble avoir laissé des traces profondes sur l'organisation administrative, politique et militaire de la cité. Servius fit instituer une organisation administrative et politique de la population en cinq classes de citoyens répartis selon leur richesse. Ces cinq classes étaient elles-mêmes divisées en centuries qui servaient à constituer l'armée de l'Etat. Les centuries les plus riches formaient la cavalerie ou l'infanterie lourde de type hoplitique, dans la mesure où elles seules pouvaient se payer un équipement complet. Les centuries participaient aux comices, des assemblées qui élisaient les magistrats et approuvaient les lois.

Servius divisa également la ville en quatre régions afin de faciliter les opérations fiscales. Il est fort probable que ce roi, originaire de Vulci, s'inspira pour ses réformes de ce qui existait dans les cités étrusques. On sait en effet que les livres rituels étrusques organisaient non seulement les fondations religieuses, mais aussi le mode d'organisation politique et militaire des centuries et des curies. Tite-Live reconnaît en tout cas que la réforme de Servius Tullius fut « l'œuvre la plus considérable qui puisse être réalisée en temps de paix ».

Ce sont donc bien les Etrusques qui ont fait d'une modeste bourgade latine une puissante cité, la grande Rome des Tarquins, laquelle commença dès cette époque à étendre son territoire au détriment de ses voisins. La civilisation étrusque elle-même n'y résistera pas, mais son héritage marquera profondément la culture romaine dans de nombreux domaines.

Les symboles du pouvoir des magistrats romains comme la toge brodée et bordée de pourpre, le siège « curule » et les faisceaux des licteurs, les membres de leur garde d'honneur, sont directement empruntés aux anciens dirigeants des cités toscanes, ainsi que la cérémonie du triomphe réservée aux généraux vainqueurs. Les premiers combats de gladiateurs, fort modestes puisqu'ils n'engageaient que trois couples de combattants, eurent lieu en 264 avant J.-C. lors des funérailles de Junius Brutus. Cette coutume des jeux funéraires adoptée à Rome venait de la Campanie toute proche et anciennement étrusque. Les Romains ne pouvaient ignorer que ces combats, auxquels ils prirent rapidement goût, existaient aussi en Etrurie[1]. Le terme de *lanista*, qui désignait en latin l'entraîneur des gladiateurs, avait, selon certains, une origine étrusque. Les Romains feront de ces jeux l'un de leurs spectacles favoris, avec les courses de chars introduites elles aussi à Rome par les Etrusques.

Les années de lutte

Les épisodes de la lutte entre Rome et les cités étrusques sont des événements historiques que la recherche archéologique a parfois pu confirmer. Les détails du conflit entre Rome et les cités étrusques, qui dura de la guerre de Véies jusqu'à la prise de Volsinies en 264 avant J.-C., ne sont guère connus que par l'historiographie romaine, en particulier grâce aux écrits de Tite-Live. Mais l'historien romain a tendance

1. Pour Agnès Rouveret, il est clair que le jeu du *phersu* préfigure les jeux de gladiateurs à Rome.

à minimiser les défaites subies par les siens et se complaît à raconter avec force détails leurs succès. Or la durée même de ces affrontements qui se déroulèrent sur plus d'un siècle et demi, ainsi que quelques rares témoignages iconographiques étrusques tendent à prouver la difficulté de l'entreprise pour les Romains. Cependant, les tentatives des Etrusques pour échapper à la conquête romaine furent désordonnées. Les raisons en sont l'absence de cohésion au sein de la ligue, où chaque cité menait sa propre politique, et le manque d'unité sociale. Ainsi les aristocrates étrusques choisirent à la longue d'accepter la domination romaine, qui leur permettait de conserver leur suprématie sociale, plutôt que d'entendre les revendications des classes populaires. C'est un phénomène historique assez banal et récurrent de collaboration par intérêt avec la puissance victorieuse ou supposée telle.

Le début du ve siècle avant J.-C., après la chute des Tarquins, fut marqué par des luttes difficiles pour Rome qui perdit alors une partie de sa puissance. La ligue latine, dominée naguère par une Rome forte et étrusquisée, reprit son indépendance. Pour peu de temps, certes, car les Latins furent vaincus à la bataille du lac Regille en 499 avant J.-C.

Après cette victoire, Rome entreprit une guerre contre Véies. L'enjeu en était la possession des salines de l'embouchure du Tibre. Cette guerre, difficile pour Rome, qui vit l'armée de Véies pousser jusqu'à ses portes et s'installer un moment sur la colline du Janicule, se termina par une sorte de « match nul », puisque les deux cités conclurent en 474 une trêve de quarante ans, sans qu'il y ait perte de territoire d'un côté ou de l'autre. C'est au cours de ce premier affrontement que les trois cent six membres de la *gens* Fabia, qui avaient mené une expédition sur le territoire de Véies, furent massacrés par les Véiens en 477 avant J.-C. sur les rives du fleuve Crémère.

En 438, la guerre reprit. On l'appellera « guerre de Fidènes », du nom de cette cité latine qui mit à mort deux ambassadeurs romains et forma une coalition avec Véies et les Falisques contre Rome. Malheureusement pour Fidènes, les coalisés furent battus sous ses murs en 425 avant J.-C. et la ville prise et détruite. Au cours de cette guerre, Lars Tolumnius, tyran de Véies, fut tué en combat singulier par le consul romain Aulus Cornilius Cosus.

La phase finale de la guerre entre Rome et Véies débuta en 408 avant J.-C. Après quelques opérations préliminaires, les Romains, sous la conduite d'un remarquable homme de guerre, le dictateur Furius Camillus (Camille), mirent le siège devant Véies. Le siège dura dix ans, et se termina par la prise de la ville en 396 avant J.-C. La chute de Véies ouvrit donc le IVe siècle avant J.-C. par un événement très grave pour le *nomen etruscum* : la disparition de l'une des puissantes cités de la confédération. Au même moment se produisit un second événement tout aussi grave pour les Etrusques : l'invasion celtique en Italie du Nord qui provoqua la disparition de l'Etrurie padane. Pendant plusieurs années, leurs incursions plus ou moins pacifiques avaient favorisé l'installation de groupes de Celtes dans la vallée du Pô. En 396 avant J.-C. encore, une expédition décisive menée par les Gaulois Senons emporta finalement les cités étrusques de la région qui devint alors la Gaule Cisalpine. Les Etrusques de la plaine du Pô s'enfuirent soit vers le sud, en Etrurie centrale, soit vers le nord, dans les vallées alpines. Les envahisseurs gaulois pénétrèrent ensuite jusqu'au cœur de l'Etrurie. Ils bousculèrent les Romains à la bataille de l'Allia en 390 avant J.-C. et poussèrent jusqu'à Rome qu'ils prirent et incendièrent, à l'exception de la forteresse du Capitole. Cet événement ne fut toutefois pour les Romains qu'une malheureuse péripétie : ils achetèrent le départ des Gaulois au prix de mille livres d'or. Certains historiens ont pensé que les hordes celtes avaient été détournées vers Rome par les Etrusques, inquiétés par la prise de Véies que la confédération des cités n'avait pourtant pas secouru officiellement. La chose est possible. Il est certain en tout cas que la disparition de Véies marqua le début de profonds bouleversements en Italie centrale, avec l'affirmation de la puissance de Rome, cité impérialiste et colonisatrice : les Romains avaient aussitôt installé des colons plébéiens sur le territoire de la cité vaincue, signe de leur volonté expansionniste et de leurs capacités d'organisation, dans la durée, du territoire conquis. La ville de Véies, vidée de ses habitants, tués ou réduits en esclavage, ne fut pas totalement détruite, comme en atteste la tentative de certains Romains de s'y installer, quelques années plus tard, après la prise de Rome par les Gaulois. Mais les maisons et monuments abandonnés tombèrent peu à peu en ruine et le site fut progressivement déserté.

Après cet événement, l'attitude des cités étrusques face à la menace romaine fut variable : certaines villes du sud, à l'instar de Tarquinia, Vulci et Volsinies, directement confrontées au problème, résistèrent avec acharnement ; d'autres, comme Caere, choisirent la neutralité et même parfois l'alliance. Caere avait accueilli les prêtres, les vestales et les objets sacrés de

Rome au moment de l'invasion gauloise. Le Sénat romain, en remerciement, avait octroyé à ses habitants le droit d'hospitalité, ce qui était un statut privilégié.

Rome se redressa rapidement après l'épisode gaulois. Une partie des habitants qui s'étaient installés dans les maisons désertées de Véies reçurent l'ordre du Sénat de rentrer et de participer à la reconstruction. Dès 388 avant J.-C., la ville, qui avait été en grande partie détruite par le feu, était à peu près reconstruite.

En 389 avant J.-C., les peuples vaincus par Rome dans les années qui avaient précédé l'invasion gauloise tentèrent de profiter de l'affaiblissement de leurs vainqueurs pour se révolter. Ce fut le cas des Volsques et des Eques, peuples du Latium. Quant aux Etrusques, Tite-Live nous dit que « leurs chefs avaient décidé, lors de leur réunion au temple de Voltumna, de se coaliser contre Rome[1] ». En fait, l'action militaire des Etrusques se borna à reprendre les villes de Sutri (ou Sutrium) et de Nepi (ou Nepete), anciennes places fortes étrusques devenues colonies romaines en 395 avant J.-C. après la chute de Véies, qui occupaient des positions stratégiques importantes : « Nepete et Sutri formaient par rapport à l'Etrurie une sorte de barrière ou de porte ouverte en direction de Rome ; les Etrusques cherchaient donc à s'en emparer chaque fois qu'ils rouvraient les hostilités et les Romains, de leur côté, s'employaient à les reprendre et à les garder[2]. » Le dictateur Camille eut facilement raison de ces menaces. Il vainquit les Volsques et les Eques et

1. *Histoire romaine*, VI, 2.
2. *Ibid.*, VI, 9.

reprit Sutri et Nepi aux Etrusques. Au triomphe qui suivit, « parmi les prisonniers qui marchaient devant son char, les Etrusques étaient de loin les plus nombreux[1] ».

Après cet épisode, les hostilités entre Etrusques et Romains ne reprirent qu'en 358 avant J.-C. Tarquinia s'était alors alliée avec Falerii. Cette ville, située sur la rive droite du Tibre en amont de Rome, était la capitale des Falisques, peuple apparenté aux Latins mais fortement étrusquisé. Falerii, alliée de Fidènes et de Véies, demeura fidèle à l'alliance étrusque après la chute de cette dernière.

Les deux cités alliées obtinrent de Caere le droit pour leur armée de traverser son territoire afin de porter la guerre jusqu'aux portes de Rome. Il est vraisemblable que des volontaires venus de Caere participèrent aussi aux opérations aux cotés des contingents tarquiniens et falisques. Tite-Live affirme que « les habitants de Caere s'étaient ralliés par solidarité aux Tarquiniens, leurs frères de race ». Il semble toutefois limiter la motivation des Etrusques à de simples opérations de pillage. Cette guerre fut difficile et marquée par une alternance de revers et de succès pour les belligérants. Les Romains subirent au moins une défaite grave, qu'accentua encore l'exécution de trois cent sept de leurs soldats sur le forum de Tarquinia.

Mais Rome finit par vaincre. Après sept ans de luttes, Tarquinia, dont le territoire avait été ravagé par les combats et les raids de pillage, demanda la paix et obtint une trêve de quarante ans. Caere, qui n'avait finalement que peu participé aux hostilités, avait demandé la paix dès 353. Ayant signé une trêve

---

1. *Ibid.*, VI, 4.

de cent ans, elle perdit le statut privilégié d'hôte dont elle disposait et devint *municipes sine suffragio*, c'est-à-dire la première cité étrusque intégrée dans le système romain, sans bénéficier toutefois de droits politiques.

Il est probable que d'autres cités participèrent à cette lutte contre Rome, notamment Vulci. Les fresques de la tombe François témoignent de la détermination de son aristocratie à s'opposer à l'impérialisme romain. On ne possède pourtant aucun récit des victoires qui ont permis à Vel Saties, représenté dans la tombe François, de revêtir la *toga picta* de général victorieux. Tite-Live n'en parle pas. Mais il n'est guère douteux qu'elles furent remportées sur les Romains, aux côtés des Tarquiniens.

Pendant une quarantaine d'années, l'Etrurie connut le calme. La phase finale de la guerre entre Rome et les cités étrusques commença en 311 et allait durer environ un demi-siècle, jusqu'à la prise de Volsinies par les Romains en 264. A ce moment, Rome sortait difficilement victorieuse de longues guerres contre les Samnites, un peuple d'Italie du Sud extrêmement belliqueux.

Tite-Live nous dit que « pendant tout ce temps [les guerres samnites], tous les peuples d'Etrurie à part les Arétins s'étaient mobilisés. C'était une guerre considérable, dont le premier acte fut l'attaque de Sutri[1] ». La guerre débuta comme elle avait commencé quarante ans plus tôt. Les Romains battirent l'armée étrusque venue assiéger Sutri. En représailles, ils effectuèrent un raid de pillage dévastateur au cœur même de l'Etrurie, après avoir traversé l'épaisse forêt Cimminienne, frontière naturelle que les Etrusques croyaient

1. *Histoire romaine*, IX, 32.

infranchissable. Une autre armée étrusque qui avait repris l'offensive fut également battue et les villes de Pérouse, Arezzo et Cortone demandèrent et obtinrent une paix de trente ans. Les Romains poussèrent alors leur avantage. Après une nouvelle victoire sur les bords du lac Vadimon en 310, ils s'emparèrent de Pérouse qui avait rompu la trêve et y installèrent une garnison.

En 308, Tarquinia vaincue demanda la paix. Elle céda à Rome une partie de son territoire et signa une trêve de quarante ans. Deux ans plus tard, en 306, Rome et Carthage, ancienne alliée des Etrusques, signaient un traité qui partageait les zones d'influence des deux puissances en Méditerranée occidentale. L'Etrurie ne jouait plus désormais qu'un rôle secondaire.

En 302, et pour la première fois, les Romains intervinrent directement dans les affaires internes d'une cité étrusque : Arezzo, où certains éléments issus des classes populaires avaient chassé la puissante famille des Cilnii qui exerçait le pouvoir. L'armée romaine rétablit les Cilnii et Arezzo signa une trêve de deux ans. Quelques années plus tard, Arezzo entrera dans l'alliance romaine comme cité fédérée. Ce nouveau statut en faisait une cité sujette dont la politique extérieure était définitivement réglée par Rome.

Les premières années du IIIe siècle avant J.-C. virent les ultimes tentatives étrusques pour sauver leur indépendance. Pour les cités encore libres, cette indépendance ne pouvait être préservée qu'en s'alliant avec d'autres peuples d'Italie comme les Gaulois, les Ombriens et les Samnites, menacés eux aussi par l'expansionnisme romain. L'alliance de ces quatre peuples contre Rome fut conclue en 296 avant J.-C.

Les coalisés représentaient un réel danger pour Rome, qui n'avait pas oublié l'invasion gauloise de 390. La crainte était fondée : les Gaulois Senons, descendus en Etrurie, anéantirent une légion romaine près de Chiusi.

Malheureusement, les alliés n'affrontèrent pas les Romains ensemble : les Samnites et les Gaulois furent défaits en 295 dans la dure bataille de Sentinum où le consul romain Décius Mus trouva la mort, et les Etrusques et les Ombriens furent battus devant Volterra. En 294, la ville de Roselle fut détruite à son tour par les légions romaines et sa population décimée. Les ruines de ses puissantes murailles se dressent encore, isolées sur une colline dominant la mer Tyrrhénienne.

Citoyens romains

Le dernier sursaut étrusque eut lieu en 284 avant J.-C. lorsque les troupes du consul Lucius Caecilius Metellus furent sévèrement battues par une armée étrusco-gauloise sous les murs d'Arezzo. Succès sans lendemain : dès l'année suivante, le consul P. Cornelius Dolabella anéantit l'armée coalisée lors de la seconde bataille du lac Vadimon. L'expédition de Pyrrhus, venu en 282 au secours de Tarente, ville grecque d'Italie du Sud, suscita un espoir pour Vulci et Volsinies, deux cités étrusques encore capables de résistance. Pyrrhus, bien que victorieux des Romains à Héraclea, ne parvint malheureusement jamais à faire sa jonction avec les Etrusques. Vulci et Volsinies furent finalement obligées d'accepter en 280 une paix aux conditions très dures. Une partie du territoire de

Vulci fut annexée et Rome célébrera alors le triomphe du consul « *de Vulsiniensibus et Vulcientibus* », c'est-à-dire sur les Volsiniens et les Vulciens.

En 279, après une bataille indécise à Ausculum, Pyrrhus décida d'embarquer pour la Sicile où il affronta avec succès les Carthaginois. Il y resta trois ans, puis retourna à Tarente et livra à nouveau bataille aux Romains à Bénévent en 275. Battu, il quitta le sol italien pour ne plus y reparaître.

Rome poursuivit alors son œuvre de soumission et d'intégration de l'Etrurie dans son empire. L'installation de colonies sur les territoires des peuples vaincus était un des éléments essentiels de la stratégie romaine. Ces colonies, composées de citoyens romains, étaient établies en des lieux stratégiques, en pays ennemi ou suspecté de l'être. Elles jouaient avant tout un rôle de garnisons. En 273, les Romains installèrent ainsi la colonie de Cosa sur la partie du territoire de Vulci qu'elle avait annexée. Un peu plus tard, entre 264 et 245, quatre nouvelles colonies de droit romain furent fondées sur le littoral du territoire de Caere : Castrum Novum, Pyrgi, Alsium et Fregenae.

Le dernier épisode de cette longue lutte ressemble à celui d'Arezzo. Il ne restait plus après la défaite de Vulci qu'une seule cité étrusque encore libre, Volsinies (Orvieto), située sur un plateau de tuf volcanique dans une position défensive presque inexpugnable. Or, une révolution servile et populaire en chassa les patriciens. Ceux-ci appelèrent au secours Rome, qui envoya ses légions réduire la ville tenue par les insurgés. Après un siège long et difficile, Volsinies tomba en 264. Les Romains la détruisirent et rendirent le pouvoir aux patriciens après avoir déporté ce qui restait de la population sur les bords du lac de Bolsena, où fut construite une ville nouvelle. L'ancien site, qui ne fut réoccupé qu'au Moyen Age, garda le nom d'*urbs vetus*, qui devint Orvieto. Le sanctuaire confédéral de Voltumna fut pillé par les vainqueurs et ses nombreuses œuvres d'art emportées à Rome. Plus que la victoire romaine, cet épisode, comme celui d'Arezzo une quarantaine d'années plus tôt, témoigne de l'âpreté des luttes sociales qui se produisirent dans les cités étrusques aux IVe et IIIe siècles avant J.-C. Elles contribuèrent à leur propre affaiblissement en incitant les aristocrates à pactiser avec Rome pour conserver leur pouvoir face aux révoltes populaires. En quelques années, Rome était devenue pour les aristocrates étrusques le garant de la stabilité sociale au sein de leurs cités.

En 264, année de la prise de Volsinies, les haruspices étrusques annoncèrent la fin du sixième *saeculum* de leur nation. L'Etrurie n'était plus désormais qu'une simple région soumise à Rome, dont les villes qui n'avaient pas été détruites restaient dirigées en principe par leurs aristocrates, mais ne bénéficiaient plus que d'un semblant d'autonomie. L'indépendance des cités étrusques n'était donc plus qu'un souvenir.

Cette même année éclatait la première guerre punique contre Carthage (264-241 avant J.-C.). L'Etrurie se tint à l'écart de ce conflit, dont les opérations se déroulèrent surtout en Sicile et sur mer. Seule la ville de Falerii, traditionnelle alliée des Etrusques, tenta encore de se soulever contre Rome en 241 pour des motifs mal connus. Elle fut prise et détruite par les légions romaines et ses habitants survivants déportés sur un site de plaine comme l'avaient été les Volsiniens vingt-trois ans plus tôt. Une nouvelle ville fut construite, Falerii Novi, aujourd'hui Santa Maria di Falleri.

Après la première guerre punique, Rome construisit en Etrurie plusieurs routes appelées voies consulaires, destinées à unifier le territoire et à servir d'axes de pénétration vers de futures conquêtes. Ainsi, en direction du nord, le long de la côte tyrrhénienne, la voie Aurelia reliait les colonies romaines du littoral ; la voie Flaminia, vers le nord-est, reliait Rome et l'Adriatique en passant par Falerii ; enfin la voie Cassia filait vers le nord par Sutri et Bolsena.

En 225 avant J.-C., une nouvelle expédition des Gaulois de Cisalpine renforcés par des contingents celtiques venus du nord des Alpes traversa l'Etrurie pour attaquer Rome. Leur passage s'accompagna de nombreux pillages. Mais l'armée gauloise fut anéantie par les Romains à la bataille de Talamone. Peu après, sur sa lancée victorieuse, Rome fit la conquête de toute la Gaule Cisalpine et y fonda les colonies de Piacenza, Crémone et Modène.

En 218 éclata la deuxième guerre punique, appelée par les Romains « guerre d'Hannibal ». La menace carthaginoise fut alors beaucoup plus grave pour Rome, car le général Hannibal porta la guerre sur le territoire même de l'Italie. A son arrivée en Cisalpine, les Gaulois soumis depuis peu lui firent un accueil enthousiaste. Beaucoup s'enrôlèrent dans son armée. Hannibal espérait provoquer le soulèvement général des peuples d'Italie contre Rome. Ses victoires sur les légions romaines sur les rives du lac Trasimène en 217 puis à Cannes en 216 provoquèrent des troubles dans plusieurs régions et notamment en Etrurie. Le Carthaginois y trouva des appuis, en particulier à Arezzo et peut-être à Cortone. Des Etrusques s'engagèrent comme mercenaires dans son armée, mais dans l'ensemble les *principes* étrusques restèrent fidèles à

Rome : en 205, plusieurs cités fournirent bon gré mal gré du matériel et des vivres pour préparer l'expédition du consul P. Cornelius Scipio (Scipion l'Africain) contre Carthage. Celle-ci se termina en 202 par la victoire romaine de Zama en Afrique qui mit fin à la deuxième guerre punique.

Le IIe siècle avant J.-C. fut une période plutôt calme pour l'Etrurie. Il y eut une révolte d'esclaves en 196 réprimée par les légions, ainsi que l'affaire des Bacchanales en 186, mais Rome était désormais engagée dans une politique d'expansion hors de l'Italie et rien ne viendra plus remettre en cause l'intégration des cités étrusques au monde romain. Certaines cités comme Arezzo, Pérouse ou Bolsena (Volsinii Novi) connurent d'ailleurs une véritable prospérité.

En 146 avant J.-C., année de la chute de Carthage, débuta le VIIIe *saeculum* de la nation étrusque. Les Etrusques n'avaient pas encore droit au statut de citoyens romains, lorsqu'éclata en 91 la guerre sociale, dite aussi « guerre des alliés » : plusieurs peuples italiens alliés de Rome, mais considérés par elle comme des citoyens de second rang, se soulevèrent pour obtenir du Sénat romain la citoyenneté romaine. L'existence même de Rome fut un moment mise en péril par ce conflit. Le Sénat se décida finalement en 88 à octroyer à tous ces peuples, Etrusques compris, la citoyenneté romaine. Pourtant, l'Etrurie n'avait guère bougé. Au contraire, les *principes* étaient restés fidèles à Rome. Les Etrusques obtinrent donc cet avantage sans coup férir.

Après cet épisode, fondamental dans le processus d'assimilation des Etrusques au monde romain, les années suivantes furent marquées par une véritable tragédie : en 87, l'Etrurie prit majoritairement le parti de Marius contre Sylla, pendant la guerre civile qui opposa les deux généraux de 87 à 82 avant J.-C. En représailles, Sylla, vainqueur, fit mettre la région à feu et à sang en punissant durement les villes étrusques qui avaient pris le parti de son rival : Volterra, Arezzo, Fiesole, Populonia furent les principales victimes de cette répression qui se traduisit par des massacres et des proscriptions accompagnées de la confiscation des biens des proscrits. Sylla installa les vétérans de son armée sur le territoire des villes punies. Cet événement provoqua l'exil de certaines familles étrusques qui rejoignirent en Espagne le général Sertorius, lieutenant de Marius. Il faut souligner qu'il existait, au moins depuis le IIe siècle avant J.-C., une diaspora étrusque dans le bassin méditerranéen, notamment en Tunisie et, bien sûr, en Egypte, comme le prouve la découverte du livre de la momie de Zagreb.

En 44 avant J.-C., la mort de Jules César, qui fut plutôt bienveillant à l'égard des Toscans, déclencha une nouvelle guerre civile. Une sorte de guerre de succession fit rage entre Marc Antoine et Octave, le futur empereur Auguste. Le frère de Marc Antoine, Lucius Antonius, s'enferma dans la ville de Pérouse où il avait de nombreux partisans. Octave la prit en 40 avant J.-C. après un siège difficile. Il fit exécuter en représailles trois cents de ses plus riches habitants et la ville fut dévastée par un incendie. De nouveau, des vétérans furent installés sur son territoire. Quelque temps plus tard, Octave, devenu empereur, fit reconstruire la ville et tenta d'effacer le résultat de sa colère. Il avait sans doute écouté les conseils de clémence que lui prodiguait son ami et conseiller, C. Cilnius Maecenas (Mécène), descendant de la puissante famille étrusque des Cilnii d'Arezzo.

A l'instar de Mécène, beaucoup de *principes* étrusques occupaient maintenant des postes importants dans les institutions politiques romaines. Plusieurs d'entre eux étaient ainsi entrés au Sénat, rétabli par l'empereur Auguste. Celui-ci fit de l'Etrurie, en 27 avant J.-C., la septième région de l'empire. On tenta également de ressusciter l'ancienne ligue des douze peuples, qui fut d'ailleurs portée à quinze peu après. Malgré cette résurrection artificielle du *nomen etruscum*, le règne d'Auguste n'en marque pas moins la fin de l'histoire étrusque. Ses habitants, en tout cas ceux des classes supérieures, étaient désormais complètement romanisés et la langue étrusque cessa bientôt d'être parlée. Les haruspices étrusques firent d'ailleurs s'achever le xe et ultime *saeculum* de la nation étrusque en 54 de notre ère, à la mort de l'empereur Claude, qui avait tenté de promouvoir une sorte de renaissance culturelle étrusque dans le strict cadre, bien sûr, de l'Empire romain. Ainsi, certaines des manifestations de la culture étrusque, comme l'haruspicine ou les jeux organisés par la ligue reconstituée sur les lieux de l'antique sanctuaire de Voltumna, survivront jusqu'à la fin de l'Antiquité romaine.

Une étonnante singularité

Plus de vingt siècles ont passé et la singularité de la culture et du mode de vie étrusques ne cessent d'étonner. De leur vivant, les peuples voisins les considéraient eux aussi comme différents, choqués en particulier par la place privilégiée accordée aux femmes dans leur société. Leur art, longtemps jugé mineur par des historiens qui ne juraient que par le classicisme gréco-romain, a séduit au XXe siècle de nombreux artistes dont le regard avait déjà été transformé par l'abstraction et le surréalisme. D'aucuns ont rapproché certaines peintures étrusques tardives de celles des fauves comme Braque ou des personnages de Rouault qui semblent marqués par la même sensibilité douloureuse. Quelques auteurs contemporains ont même employé au sujet de leur civilisation le terme de modernité. Cette modernité est toutefois bien relative, si l'on considère le profond conservatisme social dont firent preuve les classes dirigeantes qui choisirent une alliance destructrice avec Rome, parce qu'elle leur assurait à court terme le maintien de leurs privilèges. Il est vrai que la philosophie étrusque, placée sous le signe des plaisirs de ce monde, était consciente de la brièveté de la vie terrestre et du caractère fugace de ses plaisirs. L'attitude des anciens Toscans était déterminée par une véritable hantise d'exister, somme toute présente dans les mentalités actuelles. C'est peut-être ce qui nous les rend aussi proches. Après des siècles de domination sans partage de la pensée classique héritée de Rome, il est bon de prendre conscience qu'il existait en Italie, avant la domination de Rome, une culture alternative à laquelle les Romains doivent beaucoup. Mais la civilisation étrusque avait aussi permis à la culture grecque de pénétrer la culture romaine, comme le soulignait justement l'historien Raymond Bloch : « Sans doute, cependant, le legs le plus important que l'Etrurie aura fait à Rome aura-t-il été celui de l'hellénisme dont elle était imprégnée[1]. » C'est là le paradoxe étrusque : une civilisation originale à bien des

1. R. Bloch, *Les Etrusques*, *op. cit.*

égards, ouverte aux influences étrangères, mais aussi fortement réactionnaire, comme ses classes dirigeantes qui sont les moins mal connues de nous. Il reste que les fouilles actuelles, sans abandonner les sites des nécropoles, s'orientent vers l'étude des vestiges de leur habitat dans l'espoir de mieux connaître le quotidien de toutes les classes de la société étrusque. C'est ainsi que furent découvertes, dans les années 1980, les habitations d'Acquarossa près de Viterbe et plus récemment, dans les années 1990, la maison dite de *l'impluvium* à Roselle, qui est datée entre la fin du VIe et le milieu du Ve siècle avant J.-C.

Parfois, certains non-spécialistes formulent ce que les savants ont un peu de mal à exprimer. C'est le cas du peintre Gérard Fromanger, qui est très attaché à la civilisation étrusque. Il y trouve une source d'inspiration primordiale pour l'exercice de son art : « Je suis aimanté par cette civilisation, déclare-t-il. Les Etrusques sont pour moi des gens vivants avec qui je parle. Ils semblent avoir vécu pour une idée du bonheur commun, et continuent à nous renvoyer cette tentative du bonheur commun, du bonheur de vivre. »

Chronologie de la civilisation étrusque

Avant J.-C.	
XIIe-Xe siècle	Epoque proto-villanovienne.
IXe-VIIIe siècle	Epoque villanovienne.
Vers 775	Etablissement des Chalcidiens à Pithécusses (Ischia).
Vers 750	Fondation de Cumes par les Chalcidiens.
753	Date traditionnelle de la fondation de Rome.
Vers 720	Début de l'époque orientalisante de la civilisation étrusque.
Vers 700	Premières inscriptions étrusques d'après l'alphabet chalcidien.
VIIe siècle	Expansion étrusque dans la plaine du Pô et en Campanie.
Vers 616	Conquête de Rome par les Etrusques. D'après la tradition, début du règne de Tarquin l'Ancien.
578-534	Règne de Servius Tullius (Macstrna) à Rome. Il succède à Tarquin l'Ancien.
540 (ou 535)	Les Etrusques de Cerveteri et d'autres cités, alliés aux Carthaginois, remportent une victoire sur les Phocéens au cours d'une bataille navale au large de la Corse.

534-509	Règne de Tarquin le Superbe à Rome.
509	Tarquin le Superbe est chassé de Rome. Début de la République romaine. Intervention à Rome, sans doute victorieuse, du roi Porsenna de Chiusi. On trouve des consuls d'origine étrusque sur la liste dite des « fastes consulaires » jusqu'en 486.
505	Aristodème, tyran de Cumes, et les Latins battent une armée étrusque commandée par Arruns, fils de Porsenna, devant la ville d'Aricie.
480-477	Première guerre entre Rome et Véies. Les combattants de la *gens* Fabia sont anéantis par les Véiens à la bataille du Crémère. Trêve de quarante ans entre les deux villes.
474	Victoire navale des Syracusains sur les Etrusques au large de Cumes.
453	Raid de la flotte syracusaine contre l'île d'Elbe.
438-425	Deuxième guerre entre Rome et Véies, dite « guerre de Fidènes ». Mort au combat du roi de Véies, Lars Tolumnius. Prise et destruction de Fidènes par les Romains.
430	Prise de Capoue par les Samnites. Fin de l'Etrurie campanienne.
415-413	Un corps expéditionnaire étrusque prend part aux opérations menées par Athènes contre Syracuse.
406-396	Troisième guerre entre Rome et Véies. Elle se termine par la prise de Véies par les Romains.
396	Prise de Melpum (Milan) par les Gaulois. Fin de l'Etrurie Padane.
390	Prise de Rome par les Gaulois.

376	Pillage du sanctuaire de Pyrgi par les Syracusains.
358-351	Guerre entre Rome et Tarquinia, appuyée par d'autres cités étrusques (Caere et Vulci) et par Falerii. Les Etrusques vaincus demandent la paix. Trêve de quarante ans entre Rome et Tarquinia. Caere devient *municipes sine suffragio*.
311-308	Deuxième guerre entre Rome et Tarquinia. Défaite de cette dernière. Nouvelle trêve de quarante ans.
302	Intervention romaine à Arezzo.
296	Coalition des Samnites, Etrusques, Gaulois et Ombriens contre Rome. Les coalisés sont vaincus en 295 (batailles de Sentinum et de Volterra).
294	Destruction de Roselle.
283	Les armées de Vulci et de Volsinies, renforcées de contingents gaulois, sont battues par les Romains à la bataille du lac Vadimon.
280	Paix entre Rome, Vulci et Volsinies. Annexion par Rome d'une partie du territoire de Vulci.
273-245	Installation de colonies romaines sur les territoires de Vulci et Caere.
264	Prise et destruction de Volsinies. Les Romains pillent le sanctuaire fédéral de Voltumna. Fin de l'Etrurie indépendante.
264-241	Première guerre punique.
241	Destruction de Falerii par les Romains.
225	Victoire romaine sur les Gaulois à Talamone en Etrurie.
218-202	Deuxième guerre punique, dite « guerre d'Hannibal ».

186	Interdiction des bacchanales par le Sénat romain.
146	Destruction de Carthage.
90-88	« Guerre sociale ». Les Etrusques obtiennent le statut de citoyens romains.
87-82	Guerre civile en Etrurie entre les partisans de Marius et ceux de Sylla.
40	« Guerre de Pérouse ». Prise de la ville par Octave, le futur empereur Auguste.
27	L'Etrurie devient la septième région de l'empire.
Fin du Ier siècle av. J.-C.	Dernières inscriptions étrusques.
27 av. J.-C.-14 ap. J.-C.	Règne de l'empereur Auguste.
41-54 ap. J.-C.	Règne de l'empereur Claude.

Glossaire

Acherontiques (livres) : livres religieux se rapportant à l'au-delà, du nom de l'Achéron, fleuve des Enfers dans la mythologie grecque.

Acrotère : élément décoratif placé aux angles et au sommet d'un temple.

Amazonomachie : combat entre des Grecs et des Amazones, femmes guerrières mythiques qui se coupaient un sein pour ne pas être gênées pour tirer à l'arc, d'où leur nom (*a-mazon*, sans mamelle).

Antefixe : en Etrurie, élément décoratif en terre cuite polychrome placé à l'extrémité des rangées de tuiles couvre-joints du toit des temples.

Antilabé : seconde poignée du bouclier que l'on saisissait dans la main après avoir passé l'avant-bras dans la première.

Apex : appendice vertical creux qui surmonte certains types de casques à l'époque villanovienne.

Atrium : pièce centrale des maisons étrusco-romaines.

Aurige : conducteur de char.

Askos : vase imitant la forme d'une outre, parfois en forme d'animal (zoomorphe).

Basileus : terme grec signifiant « roi ».

Bipenne : hache à double fer.

Bucchero : céramique nationale étrusque, de couleur noire et d'aspect métallique.

Canthare : vase à boire sur pied où la vasque est surmontée de deux anses verticales.

Cappellaccio : tuf granulaire friable et grisâtre extrait du sol même de Rome.

Cnémides : jambières en métal faisant partie de l'équipement des hoplites et destinées à protéger les tibias.

Cella : salle intérieure d'un temple où se trouvait la statue de la divinité.

Centauromachie : combat entre guerriers grecs et centaures, êtres mi-hommes mi-chevaux.

Chthonienne (divinité) : divinité du monde souterrain.

Cippe : ornement funéraire ou commémoratif en pierre, de forme cylindrique ou quadrangulaire, pouvant comporter un décor sculpté ou une inscription.

Ciste : boîte en bronze de forme cylindrique décorée de dessins gravés où les femmes rangeaient leurs objets de toilette.

Columen : poutre faîtière d'un temple.

Condottiere : terme italien désignant un chef de mercenaires.

Coré (ou Koré) : dans la statuaire grecque, jeune fille debout richement vêtue.

Coroplathes : artisans travaillant la terre cuite.

Couros (ou Kouros) : statue de jeune homme nu représentant un héros ou une divinité.

Cratère : vase à large ouverture où l'on mélangeait l'eau et le vin lors des banquets.

Domus : terme latin pour désigner la maison urbaine des classes aisées.

Emporion : comptoir commercial.

Etruscomanie : goût pour les antiquités étrusques qui apparut en Europe à partir du XVIIIe siècle et conduisit au développement d'une mode étrusque dans le domaine du mobilier et des arts décoratifs.

Fibule : agrafe ou boucle de métal, parfois précieux, servant à attacher les vêtements.

Fusaioles : élément sphérique ou conique, le plus souvent en terre cuite, perforé en son centre et placé à l'extrémité des fuseaux.

Gens : famille au sens large, rassemblant toutes les personnes d'une même lignée, qui se reconnaissent donc des ancêtres communs.

Hast : l'arme de hast est une arme blanche fixée sur une longue hampe (lance, pique).

Hydrie : récipient utilisé pour contenir de l'eau. De forme arrondie, il comporte trois anses.

Hypogée : tombeau souterrain creusé dans la roche.

Impasto : céramique en terre cuite de couleur brune et assez épaisse.

Jettatura : geste destiné à conjurer le mauvais sort que l'on effectue en repliant le pouce, le majeur et l'annulaire et en gardant dressés l'index et le petit doigt. Ce geste reste en usage dans certaines régions d'Italie.

Kliné : lit de banquet, utilisé aussi pour l'exposition du défunt lors du rituel de la prothésis.

Koiné : langage artistique commun à une civilisation.

Latifundia : grand domaine agricole appartenant à un riche propriétaire qui y faisait pratiquer, dans l'Antiquité, par des esclaves, une agriculture extensive.

Lautni : affranchis.

Liber linteus : littéralement, livre de lin.

Ludion : danseur ou mime chez les Etrusques.

Maru : magistrature étrusque, sans doute de rang peu élevé.

Nomen Etruscum : la nation étrusque.

Oenochoe : vase servant à puiser le vin dans les cratères pendant les banquets.

Paragnathides : protège-joues métalliques des casques corinthiens ou étrusco-corinthiens.

Peneste : dans certaines cités grecques, classe de dépendants semi-libres dont le statut devait être comparable aux serfs du Moyen Age. Par analogie, certains auteurs antiques ont désigné ainsi les paysans dépendants des seigneurs étrusques.

Peson : poids en terre cuite ou en pierre destiné à tendre les fils de chaîne sur les métiers à tisser verticaux.

Plastique (vase) : vase en forme de personnage, d'animal ou de partie de corps humain.

Podium : soubassement en pierre sur lequel sont bâtis les temples étrusques et romains archaïques.

Polis : mot grec signifiant « cité ».

Pronaos : vestibule du temple.

Prothésis : exposition et déploration du mort au moment des cérémonies funéraires. Ce rituel fut emprunté aux Grecs par les Etrusques.

Protomé : mot grec désignant la représentation de la tête et du cou d'un corps humain ou animal.

Pythos : grande jarre ovoïde servant à conserver certaines denrées.

Sergé : étoffe commune de laine travaillée et croisée.

Situle : récipient en bronze de forme tronconique, lisse ou décoré de motifs historiés.

Skiphos : gobelet à boire assez profond comportant deux anses horizontales.

Synoecisme : phénomène de regroupement de plusieurs villages pour former une ville, qui a été à l'origine du développement des cités grecques et étrusques.

Tebenna : manteau étrusque en laine.

Thyrse : javelot environné de pampre et de lierre, terminé par une extrémité en forme de pomme de pin. Attribut du dieu Dionysos (Bacchus).

Tintinnabulum : pendentif en forme de clochette, généralement en bronze.

Triclinium : salle à manger des maisons étrusco-romaines.

Zilath : magistrat étrusque de rang élevé.

Bibliographie

Ouvrages généraux

Bloch R., *Les Etrusques*, Paris, PUF, 1968.

Briquel D., *Les Etrusques, peuple de la différence*, Paris, A. Colin, 1993.

Cristofani M., *Les Etrusques*, Paris, Nathan, 1986.

Cristofani M., *Città e campagna nell'Etruria meridionale*, Arezzo 1976.

Heurgon J., *La Vie quotidienne chez les Etrusques*, Paris, Hachette, 1961.

Hus A., *Les Etrusques et leur destin*, Paris, Picard, 1980.

Jannot J.-R., *A la rencontre des Etrusques*, Rennes, Ouest-France, 1987.

Massa-Pairault F.-H., *La Cité des Etrusques*, Paris, éditions du CNRS, 1996.

Pallotino M., *L'Origine degli Etruschi*, Rome, Studium Urbis 1947.

Pallotino M., *La Langue étrusque*, Paris 1978.

Thuillier J.-P., *Les Etrusques, la fin d'un mystère ?*, Paris, Gallimard, 1992.

Thuillier J.-P., *Les Etrusques, histoire d'un peuple*, Paris, A. Colin, 2003.

Torelli M., *Storia degli Etruschi*, Rome, 1981.

Sur la religion étrusque

Briquel D., Gaultier F., *Les plus religieux des hommes*, XIIe rencontres de l'école du Louvre, Paris, La Documentation française, 1997.

Sur l'art étrusque

Bianchi-Bandinelli R., *Les Etrusques et l'Italie avant Rome*, Paris, Gallimard, « L'univers des formes », 1973.
Cristofani M., *L'Arte degli Etruschi*, Turin, Einaudi 1978.
Martha J., *L'Art étrusque*, Paris, Firmin–Didot 1888.
Pallotino M., *La Peinture étrusque*, Genève, Skira, 1952.
Rouveret A., *L'Art de l'Antiquité, Rome et l'Italie jusqu'à la fin de la République*, Paris, RMN et Gallimard, 1995.

Sur l'armée et la guerre chez les Etrusques

Saulnier C., *L'Armée et la guerre dans le monde étrusco-romain*, Paris, De Boccard, 1980.

Catalogues d'exposition

Les Etrusques et l'Europe, Grand Palais, Paris, RMN, 1992.
Gli Etruschi, Venise, Palazzo Grassi, 2000-2001, Milan, Bompiani, 2000.

Sur les Grecs en Occident

Lévêque P., *L'Aventure grecque*, Paris, A. Colin, 1964
Lamboley J.-L., *Les Grecs d'Occident*, Paris, SEDES, 1996.

Sur les origines de Rome et les Etrusques

Coarelli F., *Guide archéologique de Rome*, Paris, Hachette, 1994.
Grimal P., *La Civilisation romaine*, Paris, Arthaud, 1960.
Homo L., *L'Italie primitive et les débuts de l'impérialisme romain*, Paris, A. Michel, 1953.
Piganiol A., *La Conquête romaine*, Paris, PUF, 1967.

Index

Les noms génériques qui reviennent souvent comme Etrusques, Etrurie, Toscans, Tyrrhéniens, Italie, Rome, Romains, Latium, Gaulois, Grecs etc.. ne figurent pas dans cet index, non plus que ceux dont la mention est accidentelle et ne présente qu'un intérêt anecdotique.

Table

collection tempus
Perrin

DÉJÀ PARU

1. *Histoire des femmes en Occident* (dir. Michelle Perrot, Georges Duby), *L'Antiquité* (dir. Pauline Schmitt Pantel).
2. *Histoire des femmes en Occident* (dir. Michelle Perrot, Georges Duby), *Le Moyen Âge* (dir. Christiane Klapisch-Zuber).
3. *Histoire des femmes en Occident (*dir. Michelle Perrot, Georges Duby), *XVIe-XVIIIe siècle* (dir. Natalie Zemon Davis, Arlette Farge).
4. *Histoire des femmes en Occident* (dir. Michelle Perrot, Georges Duby), *Le XIXe siècle* (dir. Michelle Perrot, Geneviève Fraisse).
5. *Histoire des femmes en Occident* (dir. Michelle Perrot, Georges Duby), *Le XXe siècle* (dir. Françoise Thébaud).
6. *L'épopée des croisades* – René Grousset.
7. *La bataille d'Alger* – Pierre Pellissier.
8. *Louis XIV* – Jean-Christian Petitfils.
9. *Les soldats de la Grande Armée* – Jean-Claude Damamme.
10. *Histoire de la Milice* – Pierre Giolitto.
11. *La régression démocratique* – Alain-Gérard Slama.
12. *La première croisade* – Jacques Heers.
13. *Histoire de l'armée française* – Philippe Masson.
14. *Histoire de Byzance* – John Julius Norwich.
15. *Les Chevaliers teutoniques* – Henry Bogdan.
16. *Mémoires, Les champs de braises* – Hélie de Saint Marc.
17. *Histoire des cathares* – Michel Roquebert.
18. *Franco* – Bartolomé Bennassar.
19. *Trois tentations dans l'Église* – Alain Besançon.
20. *Le monde d'Homère* – Pierre Vidal-Naquet.
21. *La guerre à l'Est* – August von Kageneck.
22. *Histoire du gaullisme* – Serge Berstein.
23. *Les Cent-Jours* – Dominique de Villepin.
24. *Nouvelle histoire de la France*, tome I – Jacques Marseille.
25. *Nouvelle histoire de la France*, tome II – Jacques Marseille.
26. *Histoire de la Restauration* – Emmanuel de Waresquiel et Benoît Yvert.

27. *La Grande Guerre des Français* – Jean-Baptiste Duroselle.
28. *Histoire de l'Italie* – Catherine Brice.
29. *La civilisation de l'Europe à la Renaissance* – John Hale.
30. *Histoire du Consulat et de l'Empire* – Jacques-Olivier Boudon.
31. *Les Templiers* – Laurent Daillez.
32. *Madame de Pompadour* – Évelyne Lever.
33. *La guerre en Indochine* – Georges Fleury.
34. *De Gaulle et Churchill* – François Kersaudy.
35. *Le passé d'une discorde* – Michel Abitbol.
36. *Louis XV* – François Bluche.
37. *Histoire de Vichy* – Jean-Paul Cointet.
38. *La bataille de Waterloo* – Jean-Claude Damamme.
39. *Pour comprendre la guerre d'Algérie* – Jacques Duquesne.
40. *Louis XI* – Jacques Heers.
41. *La bête du Gévaudan* – Michel Louis.
42. *Histoire de Versailles* – Jean-François Solnon.
43. *Voyager au Moyen Âge* – Jean Verdon.
44. *La Belle Époque* – Michel Winock.
45. *Les manuscrits de la mer Morte* – Michael Wise, Martin Abegg Jr. & Edward Cook.
46. *Histoire de l'éducation*, tome I – Michel Rouche.
47. *Histoire de l'éducation*, tome II – François Lebrun, Marc Venard, Jean Quéniart.
48. *Les derniers jours de Hitler* – Joachim Fest.
49. *Zita impératrice courage* – Jean Sévillia.
50. *Histoire de l'Allemagne* – Henry Bogdan.
51. *Lieutenant de panzers* – August von Kageneck.
52. *Les hommes de Dien Bien Phu* – Roger Bruge.
53. *Histoire des Français venus d'ailleurs* – Vincent Viet.
54. *La France qui tombe* – Nicolas Baverez.
55. *Histoire du climat* – Pascal Acot.
56. *Charles Quint* – Philippe Erlanger.
57. *Le terrorisme intellectuel* – Jean Sévillia.
58. *La place des bonnes* – Anne Martin-Fugier.
59. *Les grands jours de l'Europe* – Jean-Michel Gaillard.
60. *Georges Pompidou* – Éric Roussel.
61. *Les États-Unis d'aujourd'hui* – André Kaspi.
62. *Le masque de fer* – Jean-Christian Petitfils.
63. *Le voyage d'Italie* – Dominique Fernandez.
64. *1789, l'année sans pareille* – Michel Winock.
65. *Les Français du Jour J* – Georges Fleury.

66. *Padre Pio* – Yves Chiron.
67. *Naissance et mort des Empires.*
68. *Vichy 1940-1944* – Jean-Pierre Azéma, Olivier Wieviorka.
69. *L'Arabie Saoudite en guerre* – Antoine Basbous.
70. *Histoire de l'éducation*, tome III – Françoise Mayeur.
71. *Histoire de l'éducation*, tome IV – Antoine Prost.
72. *La bataille de la Marne* – Pierre Miquel.
73. *Les intellectuels en France* – Pascal Ory, Jean-François Sirinelli.
74. *Dictionnaire des pharaons* – Pascal Vernus, Jean Yoyotte.
75. *La Révolution américaine* – Bernard Cottret.
76. *Voyage dans l'Égypte des Pharaons* – Christian Jacq.
77. *Histoire de la Grande-Bretagne* – Roland Marx, Philippe Chassaigne.
78. *Histoire de la Hongrie* – Miklós Molnar.
79. *Chateaubriand* – Ghislain de Diesbach.
80. *La Libération de la France* – André Kaspi.
81. *L'empire des Plantagenêt* – Martin Aurell.
82. *La Révolution française* – Jean-Paul Bertaud.
83. *Les Vikings* – Régis Boyer.
84. *Examen de conscience* – August von Kageneck.
85. *1905, la séparation des Églises et de l'État.*
86. *Les femmes cathares* – Anne Brenon.
87. *L'Espagne musulmane* – André Clot.
88. *Verdi et son temps* – Pierre Milza.
89. *Sartre* – Denis Bertholet.
90. *L'avorton de Dieu* – Alain Decaux.
91. *La guerre des deux France* – Jacques Marseille.
92. *Honoré d'Estienne d'Orves* – Étienne de Montety.
93. *Gilles de Rais* – Jacques Heers.
94. *Laurent le Magnifique* – Jack Lang.
95. *Histoire de Venise* – Alvise Zorzi.
96. *Le malheur du siècle* – Alain Besançon.
97. *Fouquet* – Jean-Christian Petitfils.
98. *Sissi, impératrice d'Autriche* – Jean des Cars.
99. *Histoire des Tchèques et des Slovaques* – Antoine Marès.
100. *Marie Curie* – Laurent Lemire.
101. *Histoire des Espagnols*, tome I – Bartolomé Bennassar.
102. *Pie XII et la Seconde Guerre mondiale* – Pierre Blet.
103. *Histoire de Rome*, tome I – Marcel Le Glay.
104. *Histoire de Rome*, tome II – Marcel Le Glay.
105. *L'État bourguignon 1363-1477* – Bertrand Schnerb.

106. *L'Impératrice Joséphine* – Françoise Wagener.
107. *Histoire des Habsbourg* – Henry Bogdan.
108. *La Première Guerre mondiale* – John Keegan.
109. *Marguerite de Valois* – Éliane Viennot.
110. *La Bible arrachée aux sables* – Werner Keller.
111. *Le grand gaspillage* – Jacques Marseille.
112. *« Si je reviens comme je l'espère » : lettres du front et de l'Arrière, 1914-1918* – Marthe, Joseph, Lucien et Marcel Papillon.
113. *Le communisme* – Marc Lazar.
114. *La guerre et le vin* – Donald et Petie Kladstrup.
115. *Les chrétiens d'Allah* – Lucile et Bartolomé Bennassar.
116. *L'Égypte de Bonaparte* – Jean-Joël Brégeon.
117. *Les empires nomades* – Gérard Chaliand.
118. *La guerre de Trente Ans* – Henry Bogdan.
119. *La bataille de la Somme* – Alain Denizot.
120. *L'Église des premiers siècles* – Maurice Vallery-Radot.
121. *L'épopée cathare*, tome I, *L'invasion* – Michel Roquebert.
122. *L'homme européen* – Jorge Semprún, Dominique de Villepin.
123. *Mozart* – Pierre-Petit.
124. *La guerre de Crimée* – Alain Gouttman.
125. *Jésus et Marie-Madeleine* – Roland Hureaux.
126. *L'épopée cathare*, tome II, *Muret ou la dépossession* – Michel Roquebert.
127. *De la guerre* – Carl von Clausewitz.
128. *La fabrique d'une nation* – Claude Nicolet.
129. *Quand les catholiques étaient hors la loi* – Jean Sévillia.
130. *Dans le bunker de Hitler* – Bernd Freytag von Loringhoven et François d'Alançon.
131. *Marthe Robin* – Jean-Jacques Antier.
132. *Les empires normands d'Orient* – Pierre Aubé.
133. *La guerre d'Espagne* – Bartolomé Bennassar.
134. *Richelieu* – Philippe Erlanger.
135. *Les Mérovingiennes* – Roger-Xavier Lantéri.
136. *De Gaulle et Roosevelt* – François Kersaudy.
137. *Historiquement correct* – Jean Sévillia.
138. *L'actualité expliquée par l'Histoire.*
139. *Tuez-les tous ! La guerre de religion à travers l'histoire* – Élie Barnavi, Anthony Rowley.
140. *Jean Moulin* – Jean-Pierre Azéma.
141. *Nouveau monde, vieille France* – Nicolas Baverez.
142. *L'Islam et la Raison* – Malek Chebel.

143. *La gauche en France* – Michel Winock.
144. *Malraux* – Curtis Cate.
145. *Une vie pour les autres. L'aventure du père Ceyrac* – Jérôme Cordelier.
146. *Albert Speer* – Joachim Fest.
147. *Du bon usage de la guerre civile en France* – Jacques Marseille.
148. *Raymond Aron* – Nicolas Baverez.
149. *Joyeux Noël* – Christian Carion.
150. *Frères de tranchées* – Marc Ferro.
151. *Histoire des croisades et du royaume franc de Jérusalem*, tome I, *1095-1130, L'anarchie musulmane* – René Grousset.
152. *Histoire des croisades et du royaume franc de Jérusalem*, tome II, *1131-1187, L'équilibre* – René Grousset.
153. *Histoire des croisades et du royaume franc de Jérusalem*, tome III, *1188-1291, L'anarchie franque* – René Grousset.
154. *Napoléon* – Luigi Mascilli Migliorini.
155. *Versailles, le chantier de Louis XIV* – Frédéric Tiberghien.
156. *Le siècle de saint Bernard et Abélard* – Jacques Verger, Jean Jolivet.
157. *Juifs et Arabes au XXe siècle* – Michel Abitbol.
158. *Par le sang versé. La Légion étrangère en Indochine* – Paul Bonnecarrère.
159. *Napoléon III* – Pierre Milza.
160. *Staline et son système* – Nicolas Werth.
161. *Que faire ?* – Nicolas Baverez.
162. *Stratégie* – B. H. Liddell Hart.
163. *Les populismes* (dir. Jean-Pierre Rioux).
164. *De Gaulle, 1890-1945*, tome I – Éric Roussel.
165. *De Gaulle, 1946-1970*, tome II – Éric Roussel.
166. *La Vendée et la Révolution* – Jean-Clément Martin.
167. *Aristocrates et grands bourgeois* – Éric Mension-Rigau.
168. *La campagne d'Italie* – Jean-Christophe Notin.
169. *Lawrence d'Arabie* – Jacques Benoist-Méchin.
170. *Les douze Césars* – Régis F. Martin.
171. *L'épopée cathare*, tome III, *Le lys et la croix* – Michel Roquebert.
172. *L'épopée cathare*, tome IV, *Mourir à Montségur* – Michel Roquebert.
173. *Henri III* – Jean-François Solnon.
174. *Histoires des Antilles françaises* – Paul Butel.
175. *Rodolphe et les secrets de Mayerling* – Jean des Cars.
176. *Oradour, 10 juin 1944* – Sarah Farmer.

177. *Volontaires français sous l'uniforme allemand* – Pierre Giolitto.
178. *Chute et mort de Constantinople* – Jacques Heers.
179. *Nouvelle histoire de l'Homme* – Pascal Picq.
180. *L'écriture. Des hiéroglyphes au numérique.*
181. *C'était Versailles* – Alain Decaux.
182. *De Raspoutine à Poutine* – Vladimir Fedorovski.
183. *Histoire de l'esclavage aux États-Unis* – Claude Fohlen.
184. *Ces papes qui ont fait l'histoire* – Henri Tincq.
185. *Classes laborieuses et classes dangereuses* – Louis Chevalier.
186. *Les enfants soldats* – Alain Louyot.
187. *Premiers ministres et présidents du Conseil* – Benoît Yvert.
188. *Le massacre de Katyn* – Victor Zaslavsky.
189. *Enquête sur les apparitions de la Vierge* – Yves Chiron.
190. *L'épopée cathare*, tome V, *La fin des Amis de Dieu* – Michel Roquebert.
191. *Histoire de la diplomatie française*, tome I.
192. *Histoire de la diplomatie française*, tome II.
193. *Histoire de l'émigration* – Ghislain de Diesbach.
194. *Le monde des Ramsès* – Claire Lalouette.
195. *Bernadette Soubirous* – Anne Bernet.
196. *Cosa Nostra. La mafia sicilienne de 1860 à nos jours* – John Dickie.
197. *Les mensonges de l'Histoire* – Pierre Miquel.
198. *Les négriers en terres d'islam* – Jacques Heers.
199. *Nelson Mandela* – Jack Lang.
200. *Un monde de ressources rares* – Le Cercle des économistes et Érik Orsenna.
201. *L'histoire de l'univers et le sens de la création* – Claude Tresmontant.
202. *Ils étaient sept hommes en guerre* – Marc Ferro.
203. *Précis de l'art de la guerre* – Antoine-Henri Jomini.
204. *Comprendre les États-unis d'aujourd'hui* – André Kaspi.
205. *Tsahal* – Pierre Razoux.
206. *Pop philosophie* – Mehdi Belahj Kacem, Philippe Nassif.
207. *Le roman de Vienne* – Jean des Cars.
208. *Hélie de Saint Marc* – Laurent Beccaria.
209. *La dénazification* (dir. Marie-Bénédicte Vincent).
210. *La vie mondaine sous le nazisme* – Fabrice d'Almeida.
211. *Comment naissent les révolutions.*
212. *Comprendre la Chine d'aujourd'hui* – Jean-Luc Domenach.
213. *Le second Empire* – Pierre Miquel.

214. *Les papes en Avignon* – Dominique Paladilhe.
215. *Jean Jaurès* – Jean-Pierre Rioux.
216. *La Rome des Flaviens* – Catherine Salles.
217. *6 juin 44* – Jean-Pierre Azéma, Philippe Burrin, Robert O. Paxton.
218. *Eugénie, la dernière impératrice* – Jean des Cars.
219. *L'homme Robespierre* – Max Gallo.
220. *Les Barbaresques* – Jacques Heers.
221. *L'élection présidentielle en France, 1958-2007* – Michel Winock.
222. *Histoire de la Légion étrangère* – Georges Blond.
223. *1 000 ans de jeux Olympiques* – Moses I. Finley, H. W. Pleket.
224. *Quand les Alliés bombardaient la France* – Eddy Florentin.
225. *La crise des années 30 est devant nous* – François Lenglet.
226. *Le royaume wisigoth d'Occitanie* – Joël Schmidt.
227. *L'épuration sauvage* – Philippe Bourdrel.
228. *La révolution de la Croix* – Alain Decaux.
229. *Frédéric de Hohenstaufen* – Jacques Benoist-Méchin.
230. *Savants sous l'Occupation* – Nicolas Chevassus-au-Louis.
231. *Moralement correct* – Jean Sévillia.
232. *Claude Lévi-Strauss, le passeur de sens* – Marcel Hénaff.
233. *Le voyage d'automne* – François Dufay.
234. *Erbo, pilote de chasse* – August von Kageneck.
235. *L'éducation des filles en France au XIXe siècle* – Françoise Mayeur.
236. *Histoire des pays de l'Est* – Henry Bogdan.
237. *Les Capétiens* – François Menant, Hervé Martin, Bernard Merdrignac, Monique Chauvin.
238. *Le roi, l'empereur et le tsar* – Catrine Clay.
239. *Neanderthal* – Marylène Patou-Mathis.
240. *Judas, de l'Évangile à l'Holocauste* – Pierre-Emmanuel Dauzat.
241. *Le roman vrai de la crise financière* – Olivier Pastré, Jean-Marc Sylvestre.
242. *Comment l'Algérie devint française* – Georges Fleury.
243. *Le Moyen Âge, une imposture* – Jacques Heers.
244. *L'île aux cannibales* – Nicolas Werth.
245. *Policiers français sous l'Occupation* – Jean-Marc Berlière.
246. *Histoire secrète de l'Inquisition* – Peter Godman.
247. *La guerre des capitalismes aura lieu* – Le Cercle des économistes (dir. Jean-Hervé Lorenzi).

248. *Les guerres bâtardes* – Arnaud de La Grange, Jean-Marc Balencie.
249. *De la croix de fer à la potence* – August von Kageneck.
250. *Nous voulions tuer Hitler* – Philipp Freiherr von Boeselager.
251. *Le soleil noir de la puissance, 1796-1807* – Dominique de Villepin.
252. *L'aventure des Normands, VIIIe- XIIIe siècle* – François Neveux.
253. *La spectaculaire histoire des rois des Belges* – Patrick Roegiers.
254. *L'islam expliqué par* – Malek Chebel.
255. *Pour en finir avec Dieu* – Richard Dawkins.
256. *La troisième révolution américaine* – Jacques Mistral.
257. *Les dernières heures du libéralisme* – Christian Chavagneux.
258. *La Chine m'inquiète* – Jean-Luc Domenach.
259. *La religion cathare* – Michel Roquebert.
260. *Histoire de la France*, tome I, *1900-1930* – Serge Berstein, Pierre Milza.
261. *Histoire de la France*, tome II, *1930-1958* – Serge Berstein, Pierre Milza.
262. *Histoire de la France*, tome III, *1958 à nos jours* – Serge Berstein, Pierre Milza.
263. *Les Grecs et nous* – Marcel Detienne.
264. *Deleuze* – Alberto Gualandi.
265. *Le réenchantement du monde* – Michel Maffesoli.
266. *Spinoza* – André Scala.
267. *Les Français au quotidien, 1939-1949* – Éric Alary, Bénédicte Vergez-Chaignon, Gilles Gauvin.
268. *Teilhard de Chardin* – Jacques Arnould.
269. *Jeanne d'Arc* – Colette Beaune.
270. *Crises, chaos et fins de monde.*
271. *Auguste* – Pierre Cosme.
272. *Histoire de l'Irlande* – Pierre Joannon.
273. *Les inconnus de Versailles* – Jacques Levron.
274. *Ils ont vécu sous le nazisme* – Laurence Rees.
275. *La nuit au Moyen Âge* – Jean Verdon.
276. *Ce que savaient les Alliés* – Christian Destremau.
277. *François Ier* – Jack Lang.
278. *Alexandre le Grand* – Jacques Benoist-Méchin.
279. *L'Égypte des Mamelouks* – André Clot.
280. *Les valets de chambre de Louis XIV* – Mathieu Da Vinha.
281. *Les grands sages de l'Égypte ancienne* – Christian Jacq.
282. *Armagnacs et Bourguignons* – Bertrand Schnerb.

283. *La révolution des Templiers* – Simonetta Cerrini.
284. *Les crises du capitalisme.*
285. *Communisme et totalitarisme* – Stéphane Courtois.
286. *Les chasseurs noirs* – Christian Ingrao.
287. *Averroès* – Ali Benmakhlouf.
288. *Les guerres préhistoriques* – Lawrence H. Keeley.
289. *Devenir de Gaulle* – Jean-Luc Barré.
290. *Lyautey* – Arnaud Teyssier.
291. *Fin de monde ou sortie de crise ?* – Le Cercle des économistes (dir. Pierre Dockès et Jean-Hervé Lorenzi).
292. *Madame de Montespan* – Jean-Christian Petitfils.
293. *L'extrême gauche plurielle* – Philippe Raynaud.
294. *La guerre d'indépendance des Algériens* (prés. Raphaëlle Branche).
295. *La France de la Renaissance* – Arlette Jouanna.
296. *Verdun 1916* – Malcolm Brown.
297. *Lyotard* – Alberto Gualandi.
298. *Catherine de Médicis* – Jean-François Solnon.
299. *Le XXe siècle idéologique et politique* – Michel Winock.
300. *L'art nouveau en Europe* – Roger-Henri Guerrand.
301. *Les salons de la IIIe République* – Anne Martin-Fugier.
302. *Lutèce* – Joël Schmidt.
303. *Les aventurières de Dieu* – Elisabeth Dufourcq.
304. *Chiisme et politique au Moyen-Orient* – Laurence Louër.
305. *La chute ou l'Empire de la solitude 1807-1814* – Dominique de Villepin.
306. *Louis II de Bavière* – Jean des Cars.
307. *L'Égypte des grands pharaons* – Christian Jacq.
308. *La Deuxième Guerre mondiale* – John Keegan.
309. *Histoire du libertinage* – Didier Foucault.
310. *L'affaire Cicéron* – François Kersaudy.
311. *Les Gaulois contre les Romains* – Joël Schmidt.
312. *Le soufre et le moisi* – François Dufay.
313. *Histoire des Étrusques* – Jean-Marc Irollo.

À PARAÎTRE

Le plaisir au Moyen Âge – Jean Verdon.
Cro Magnon – Marcel Otte.

Composition Nord Compo
Villeneuve-d'Ascq

Impression réalisée par

BRODARD & TAUPIN

La Flèche (Sarthe), le 07-12-2010
pour le compte des Éditions Perrin
76, rue Bonaparte
75006 Paris
N° d'édition : 2566 – N° d'impression : 61452
Dépôt légal : février 2010
Imprimé en France